Run Run Run

'Til you feel so right

Run Run Run

'Til you feel so high

Run Run Run

'Til you feel so tight

Run Run Run and

Touch the sky

– JihoonOwl

아이슬란드를 달리다

아이슬란드를 달리다

JihoonOwl의
Run Run Run
북유럽 시리즈
첫 번째 이야기

노란잠수함

기왕 세상 밖으로 발을 내디딘 사람에게는

약한 마음보다는 겁 없는 편이 낫지

이 생에서의 내 시간과 죽음의 순간은

이미 운명으로 예정되어 있을 테니 말이지

『북유럽신화』, 11장 '스키르니르의 중매 여행' 중

초등학교 1학년 때 장래 희망이 '택시 운전사'였다. 그렇게 적혀 있는 학교 가정 통신문을 훗날 보고 새삼 다시 깨달았지만, 택시를 탈 때 유난히 앞자리에 앉겠다고 고집부렸던 기억이 어렴풋 난다. 코흘리개 어린 녀석이 심각한 불면증에 빠질 정도로 쓰잘데기 없는 잡생각이 유난히 많았던지라, 아마도 빠르게 흘러가는 차창 밖 풍경에 홀린 채 어디론가로 끝없이 달려가는 느낌 속에서 뭔가 어두운 생각들에서 잠시 벗어나는 자유로움을 느꼈으리라. 당시 차 안의 라디오에서 흘러나오던 노래들은 팝송이 많았는데, 그 시절 즐겨 들었던 팝송들과 함께 아주 먼 어딘가로 자동차 여행을 떠나는 것이 그대로 나의 꿈과 로망이 되어버렸다.

가슴 한 켠의 꿈은 접어둔 채 사회에 순응하며 살아온 지 40년째 되던 해, 결국 사고를 쳤다. 멀쩡히 잘 다니던 직장을 때려치우고 미국으로 훌쩍 건너가 팝송을 만들고 부르며, 좋아했던 가수들과 노래의 흔적을 찾아다니는 미 대륙 자동차 일주를 단행한 것. 그렇게 무모하게 떠난 여행 이야기가 블로그로 알려지고 결국 책으로 발간되었는데, 뜻밖에 주간 베스트셀러까지 오르며 팔자에 없던 여행작가의 호칭까지 붙게되었다. 삶이란 게 참.

그로부터 다시 3년 후, 이번에는 20년 지기 절친인 아내와 함께 북유럽 5개국 자동차 여행을 떠나게 되었다. 지구 반대편에 위치한 너무나도 낯선 곳이지만 그토록 행복하다는 그들의 삶에 대한 강렬한 호기심이 생겼다. 우리와는 사뭇 다른 그들의 수평적 세계관, 그리고 그것이 실제 생활 속에서 어떻게 적용되고 있는지 직접 눈으로 보고 경험하고 싶어졌고, 미국 음악 유학길에서 만난 북유럽 뮤지션 친구들이 이 여행을 가능하게 해준 단서와 용기가 되었다. 친구와 음악. 이 두 가지만 있다면, 지구 상 사람 사는 곳이라면 사실 어디든 두려워 못 가겠는가.

감사하게도 우리 부부의 여행기가 '부엉이와 강아지의 80일간의 북유럽 일주'라는 제목으로 '네이버 여행+'에 1년간 연재되며 많은 독자가 생겼고, 이에 힘입어 또다시 출판 제의를 받게 되었다. 단행본으로 내기에는 적지 않은 여행기 분량을 놓고 고민하다 독자들에게 필요한 정보를 보다 상세히 담아보고자 '아이슬란드' 편을 우선 출간하기로 출판사와 협의, 블로그에서 미처 다루지 못했던 상세 비용과 경로 정보, 그리고 여정에서 만난 여행자, 현지인들과 나눈 대화와 에피소드들을 소상히 실었다.

아무쪼록 아이슬란드 자동차 여행을 꿈꾸는 독자들에게 자그마한 길라잡이, 혹은 좌충우돌 중년 부부와 함께 떠나는 소소한 일탈 여행이 될 수 있길 바란다. 물론, 정신이 혼미해질 정도로 아름다운 그곳의 경치와 풍광들은 빠질 수 없는 보너스다.

2018년 12월, 홍대 옥탑방 부엉이에서

목차

기어코 떠나고야 만 속사정

D-60

결혼보다 더 미친 짓

대한민국 서울 양재동 노천카페, 한 친구와의 대화

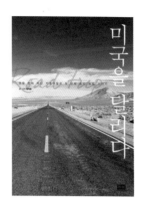

"이번엔 북유럽을 간다고? 이번 테마는 뭐야? 꿈? 행복?"

- 테마는 무슨. 그냥 가보고 싶어서 떠나는 거지.

"에이, 그렇게 말은 해도 다녀와서 또 책 쓸 거면서."

- 이전 여행도 그랬듯이 책 쓰려고 가는 건 아냐. 해보고 싶은 거 하는 게 우선. 책이나 칼럼은 기회가 되면 쓰는 거고, 아니어도 그만. 그래도 어쨌든 관심 있는 사람들에게 도움될 만한 기록은 남겨볼 생각이야.

"크, 또 책 나오겠네. 꼭 내줘라. 나 그쪽 동네 관심 많거든. 그나저나, 이번엔 며칠?"

- 한 80일 정도?

"헐… 길게도 가네. 어디어디 가는 거야?"

- 음, 일단 먼저 아이슬란드로 들어갔다가 다시 덴마크로 나온 후, 스웨덴, 핀란드 거쳐 노르웨이까지.

"와우, 또 그럼 자동차로 한 바퀴 죽 도는 거야?"

- 당연하지. 달리는 게 왠지 좋아. 더군다나 이 동네는 피오르*가 근사하다잖아. 꼭 해안가로 달려줘야만 해.

"그렇군, 이번에도 시계 반대 방향이지?"

- 응, 기왕이면 바다와 좀 더 가까이.

대화를 잠시 멈추고 파라솔 사이로 빼꼼 내보이는 하늘을 향해 심호흡을 크게 해본

---

* 빙하의 침식으로 만들어진 골짜기에 빙하가 없어진 후 바닷물이 들어와서 생긴 길고 좁은 만. 육지로 깊이 파고든 모양으로, 양쪽 해안은 경사가 급하며 횡단면은 'U' 자 모양을 이룸

1 자유의 냄새가 물씬 풍기는 미국 자동차 여행 경로의 하이라이
  트, 캘리포니아 1번 연안도로(Pacific Highway No.1)

2 미국 아리조나주의 사막 도로 표지판. 해답을 찾아 끝없이 달리
  는 인생의 길 위에도 표지판 같은 것이 있다면 얼마나 좋을까

다. 딱 3년 전 이맘때였던가. 미국 플로리다주 어느 해안가를 달리던 기억 속 바다 내음이 콧속으로 확 밀려오는 듯.

"운전 파트너는 구했어? 저번처럼 인터넷으로 알게 된 생판 모르는 사람이랑 같이?"
- 아, 그게… 이번엔 아내랑 같이 가게 될지도 몰라. 마침 쉬고 있거든.
"뭐라고? 정말? 음…."

뭐지, 이 기분 나쁜 말없음표는? 이봐, 그냥 말을 뱉으라구.

"친구야, 다시 한번 생각해봐. 아무리 친한 친구라도 오래 같이 여행 다니면 싸우고 돌아온다잖아. 근데, 와이프랑 단둘이 80일간을 스물네 시간 붙어 지낸다구? 그것도 눈에 콩깍지 잔뜩 씌워진 신혼 시절도 아닌 15년차 부부가? 황혼 이혼이 왜 발생하는 줄 알아? 은퇴한 부부가 갑자기 붙어 있는 시간이 너무 많아지다 보니 생기는 일이라잖아. 결혼 자체도 미친 짓이라지만, 이건 못지않게 위험한 짓 같은데…."

이 녀석, 이런 악담을…, 하면서도 내심 살짝 불안해지는 이 팔랑귀. 아냐, 그래도 우리가 어떤 사이인데. 15년을 큰 위기 없이 잘 보내왔는데, 설마 별일 있으려구?

저녁에 집으로 돌아온 아내에게 친구와 나눈 이야기를 슬쩍 꺼내 보았다. 그녀 왈,

"아, 그래? 재미있는데? 마침 오늘 나도 비슷한 이야기를 내 친구랑 나눴거든."

– 아 정말? 무슨 이야기?

"그 친구가 그러더라구, 무지 싸우게 될 거라구. 자기 같으면 안 갈 거라고."

– 그래서 뭐라 그랬어?

"뭐, 15년 동안 제대로 싸울 기회 없이 바쁘게 살아왔는데, 오히려 이번이 좋은 기회라고 생각한다 그랬지. 서로를 더 잘 알게 될 기회. 더 늦기 전에 부딪쳐 봐야지."

더 늦기…전에…? 서로 더 잘 알게 될 기회?

뭐지? 선전 포고인가? 갑자기 스스로 떠오른 질문 하나.

나는 과연 내 아내를 정말 잘 알고 있을까?

우리 결혼 생활을 잠시 되짚어보자.

나름 파란만장하지 않은 결혼사가 세상에 어디 있으랴마는.

지극히 평범한 우리 결혼 생활의 조금은 독특한 부분을 한마디로 정의하면, '지독한 따로 또 같이'다. 대학 동아리에서 만난 선후배 사이로, 서로의 독립적이고 실용적인 사고방식에 끌려 6년간 연애 끝에 결혼으로 골인. 신부는 남편이 거창한 프러포즈를 하지 않은 것을 개의치 않아 했고, 남편은 냉장고 달랑 하나 혼수로 해오며 나머지는 이미 10년 넘게 써온 신랑의 자취 생활 가구들을 그대로 쓰자고 한 신부의 실용성을 엄청 자랑스러워했다. 결혼 전후로 둘 다 회사에 취직했는데, 둘 다 엄청 빡센 직장에 걸려 밤샘 야근 주말 근무를 밥 먹듯이 해대기 시작했다. 그렇게 무늬만 부부였지 대화할 시간조차 별로 없이 잠만 같이 자는, 거의 룸메이트 수준의 결혼 생활이 수년간 이어졌고 그 때문인지 우리에겐 아이가 생기지 않았다.

결혼 6년차가 되던 해에 그녀는 유학을 가겠다고 선언했고, 너무나도 쿨(?)한 우리 부부는 그동안 번 맞벌이 월급을 몽땅 부어 간신히 장만한 아파트 한 채를 냉큼 팔아 학비를 마련했다. 그녀는 유럽으로 유학길에 홀로 떠나고 남편은 한국에 남아 직장 생활을 계속하며 1년 동안 바다 건너 떨어져 지내게 되었는데, 어쩌면 그 기간이 우리 부부에게 찾아왔던 첫 번째 위기였는지도 모르겠다.

다행히 1년 뒤 그녀는, 이탈리아, 그리스 등지에서 온 조각상 외모를 가진 수많은 유학생들의, 처녀 아줌마를 가리지 않는 강력한 유혹을 물리치고 한국으로 무사히 돌아왔다. 비온 뒤 땅이 더 굳는다고 서로에 대한 파트너로서의 믿음은 그 이후로 더욱 강해졌고 우리의 '따로 또 같이' 행보는 거칠 것이 없어졌다. 신혼 때부터 철저한 독립채산제였던 우리는 각자 생활비는 알아서 쓰며 서로의 통장에 얼마가 있는지 묻지 않았고, 큰돈이 나가는 일에는 서로의 소득 수준을 감안한 분담 금액을 정해 예산을 확보했다. 한편, 어느덧 결혼 10년차에 접어든 우리 부부에게는 여전히 아기가 생기지 않았다.

그러던 어느 날, 이번엔 남편이 유학을 결심한다. 평소 해보고 싶었던 음악 만드는 일을 본격적으로 해보기 위해 미국 LA로 유학을 가고자 했는데, 아내가 자신이 다니던 직장의 LA 지사 발령 기회를 용케 얻게 되어 부부가 함께 미국 생활을 하게 되었다. 거기서 5년간 머물며 남편은 음악 공부도 하고, 음반도 발매하고 자동차로 미국 버스킹 일주도 하면서 본격적인 음악인으로서의 삶을 시작했고, 아내는 2년간 LA 지사 생활을 끝낸 후, 홀로 한국으로 돌아와 계속 자신의 직장 커리어를 이어갔다. 내심 보다 삶이 여유로운 미국 생활을 하면 아기가 생기지 않을까 기대해보았지만, 여전히 우리 부부에게는 아기가 생기지 않았다.

아기를 가지기 위해 이런저런 온갖 시도를 다 해본 지 십수 년이 넘던 어느 날, 미국 LA의 한 병원에서 또다시 임신이 실패했다는 통지가 날라왔고, 아내는 마침내 그간 참고 있었던 울음을 한꺼번에 터트렸다. 수 시간이 넘도록 계속 울고만 있는 아내를 위해 그저 곁을 지키는 것 외에 해줄 수 있는 게 없던 남편은 점차 진정되어가는 아내의 모습을 보면서 조심스럽게 입을 열었다.

"이제 우리 마음 비우자. 우리에게 아이는 허락된 축복이 아닌가 보지 뭐. 대신 다른 받은 복이 많으니, 그것으로 열심히 누리고 그걸 통해 세상과 나눌 수 있는 게 뭔지 찾으며 살아보자구."

아내는 말없이 고개를 끄덕이며 눈물을 훔쳤고, 그 이후로 우리는 아기에 대한 이야기를 일체 꺼내지 않았다. 대신, 우리가 진정 해보고 싶은 일을 찾아, 아이를 키우는 마음으로 정성을 다해 그 일을 하며 살아보기로 작정했다. 남편은 미국 여행을 통해 그것이 음악임을 확신하게 되었고, 이제 아내도 그것을 찾아볼 차례가 되었다.

아내는 그것을 요리로 정한 듯했다. 유학 생활을 빼고도 10년이 훌쩍 넘는 컨설팅 경력의 마지막 직장은 외식업계였고, 그 과정을 통해 자신이 이 분야를 좋아한다는 것을 어느 정도 확신하게 된 아내는 대기업을 떠나 보다 작은 규모의 외식업계 체인 점에서 일을 시작해보았다. 하지만, 크건 작건 남의 회사이긴 마찬가지. 불안정한 작은 회사의 상황이 뭔가 맘에 들게 돌아가지 않기 시작, 다시 그 일을 떠나 이번엔 원 없이 자신만의 레스토랑을 열어보기 위한 준비 차 쉬고 있던 상황.

이 정도가 내가 알고 있는 아내에 대한 대략적 이야기다. 내가 알고 있는 아내는 독립적이고 서로 떨어져 있는 걸 잘하는 친구이고 나도 비슷한 성격이기에 무난하게 잘 살아왔고 여태까지 큰 위기 없이 잘 지내왔다. 하지만 이번에는 반대다. 15년간을 같이 살아왔지만, 이렇게 스물네 시간을 딱 붙어 지내는 기간은 별로 없었던 게 사실. 그것도 80일이나! 떨어져 있는 걸 잘하는 만큼 붙어 있는 것도 잘할 수 있을까?

사실, 또 한편 드는 생각이 있었다. 어쨌거나 이 여행이 끝나고 나면 함께 레스토랑을 열어보려는 계획인데, 부부가 함께 사업을 시작하는 것 또한 만만치 않은 '근접동행'이 아닌가. 사업의 성패와 직결되는 수많은 의사 결정을 둘이서 함께 해나가야 하고, 그 결과를 겸허히 받아들이며 서로 원망 없이 격려하며 나아가야 한다. 80일 동안의 캠핑여행 하나 함께 제대로 해내지 못한다면, '사업'이라는 긴긴 여행을 함께하는 건 사실상 무리 아닐까.

그래, 함께 가는 걸로 하자. 그녀의 꿈도 확인해보고, 그토록 오랫동안 함께 살면서도 깨닫지 못했던 서로의 또 다른 민낯에 놀라도 보고. 그 과정에서 또 다른 내 모습도 조금 더 많이 만나게 되겠지. 그냥 부딪쳐보자. 뭐 서로 죽이기야 하겠어.

그날 밤 늦은 시간 아이슬란드 '레이캬비크'로 들어가 노르웨이 '오슬로'로 나오는 비행기 표 두 장 구매를 확정하며, 얼핏 무모해 보이는 15년차 부부의 80일간 북유럽 여행 계획 짜기가 시작되었다.

D-30

캠핑 초짜 부부, 해외 캠핑을 넘보다

대한민국 서울 연남동, 여행 경비 계산 중

"아, 이거 대충 계산해봐도 경비가 엄청난데? 이 동네, 소문대로 물가가 장난이 아니네. 숙박비는 웬만한 모텔이 기본 15만 원부터 시작이고, 식비도 한 끼에 인당 최소 2~3만 원은 각오해야 할 듯한데."

- 뭐? 그럼 최소 숙식비만 잡아도 80일이면 2000만 원이 훨씬 넘는 거야?

"응, 거기에다 비행기 표 값에 렌터카 경비까지 합치면, 어휴…."

둘이 함께 10여 년간 직장 생활을 해서 통장에 모아놓은 여유 자금이 거의 거덜 날 판이다. 이대로라면 사업 자본금까지 끌어당겨 여행 경비로 소진하고 말게 될 형국.

"가게를 먼저 열고, 상황을 봐서 그 이후에 여행을 떠나든지 말든지 해야 하는 거 아닐까?"

- 그럼, 비행기 표는 어떻게 해? 확정했는데?"

"뭐, 기회 손실이지. 어차피 비용 절감을 위해 일찍 끊어놓은 건데, 계획하면서 전체적으로 무리가 있다고 판단되면 포기할 수도 있겠다 싶긴 했어."

- 아, 이대로 포기하는 건 너무 아쉬운데. 왠지, 나 이번 아니면 다신 이런 여행 못 하게 될 것 같은 느낌이 들어.

불현듯 아내의 마지막 대사가 뭔가 데자뷔처럼 머리를 쳤다. 그래, 내가 3년 전 미국 일주 여행을 고민했을 때도 딱 저랬더랬는데.

좋아하는 팝송을 한번 만들어보겠다고 무작정 감행했던 미국행. 꾸역꾸역 어떻게 해서 음반 한 장을 내는 것까진 꿈을 이루었지만, 사실 무명에다 적지 않은 나이의 악센트 투성이 '외국인' 인디 뮤지션이 미국에서 할 수 있는 그다음 일이라고는 별로 많지 않았다. 할리우드 주변의 클럽 등지에서 공연 몇 번 하며 응원해주는 주변 친구들의 축하와 수많은 페이스북의 '좋아요'를 받는 정도의 '성과'를 내는 게 전부. 애초에 상업적인 성공을 꿈꾸며 미국행을 결심할 정도로 현실 감각이 떨어지는 연륜은 아니었기에, 그다지 크게 실망하거나 좌절 모드로 추락하지는 않았지만 뭔가 막다른 골목과도 같은 커다란 질문 하나와 맞닥뜨리게 되었다.

'이제 뭘 해야 하지?'

여기까지인가? 이제 멈추고 다시 돌아가야 하나? 그때 나를 그곳에 계속 남게 했던 것은 마음 한구석에 남아 있던 또 다른 허황된 꿈 하나였다. 바로 미국 자동차 일주. 그것도 내가 만든 음악을 가지고, 미국을 한 바퀴 돌며 사정이 허락하는 곳에서 공연도 하고 내 음악도 알리는 그런 버스킹 로드 트립. 그런데, 이것이 만만치 않았다. 비용도 엄청났고, 자동차를 구하는 것부터 시작해 운전 파트너를 구하는 것까지. 뭔가 구체적인 계획의 구덩이를 파면 팔수록 수백 가지도 넘는 실현 불가능한 이유가 자꾸만 꾸역꾸역 쏟아져 나왔다.

이 허황된 꿈이 '포기'라는 평범하고 편안한 종말을 맞을 즈음에, 마지막 산소 호흡기를 미처 떼지 못하게 만든 생각 하나. 그게 바로 지금 아내가 말한 저 대사다. '어쩌면 지금 아니면, 난 이 여행을 평생 못 하게 될지도 몰라.'

결국 그 집요한 생각 하나가 죽어가던 허황된 꿈을 그럴듯하게 꾸며 주변에 선언하게 만들었고, 그것을 통해 거짓말 같은 일들이 일어나기 시작했다. 생각지도 못한 곳에서 동행자가 나타나고, 자동차 협찬이 들어오고, 여행 칼럼 집필 제의가 들어오고. 결국 그렇게 떠난 여행기 이야기가 출판 제의를 받아 책으로 나오게 되고. 그것이 강의로 이어지고, 그렇게 만들어진 나만의 이야기가 다시 음악으로, 여행으로, 책으로 연결되고, 그 과정에서 만난 새로운 친구들과 함께 다음 프로젝트들을 만들게 되고. 그렇게, 지금의 내가 겪고 있는 수많은 흥미로운 일들이 생겨난 연결고리가 된 것이다. 내가 멈추고 다시 돌아갔으면 절대 일어나지 않았을 수많은 일들이 지금 일어나고 있는 이유. 결국 바로 저 생각 하나였다. 그리고, 그 생각을 이제는 내 아내가 하고 있다. 그 길을 가본 나로서, 그리고 그 놀랍고 말도 안 되는 연쇄 작용을 경험한 나로서는 정말 불가항력적인 그 대사를 듣고야 말았다.

마음을 고쳐먹었다. 이 여행은 가야만 하는 여행이다.

이번에 기필코 떠나야만 하는 이유는 내가 아닌 내 아내의 절실함이다. 일단 결심을 하고 나면 그다음부터는 오히려 맘이 편해지며 일사천리다. 3년 전 그때와 마찬가지로, 가면 안 되는 수백 가지 이유는 가볍게 무시하고 무조건 가야만 한다는 전제하에 갈 수 있는 현실적인 방법들을 다시 한번 고민해보기 시작했다.

"음, 한 가지 여행 경비를 대폭 줄일 수 있는 방법이 있기는 한데…."
- 뭔데? 뭔데? 뭔데?

이런, 저 커다란 눈을 부릅뜨면서 연거푸 세 번씩이나…. 대답하기 살짝 무섭다.

경비를 줄일 수 있는 획기적 방법의 실현 가능성은 애당초 북유럽 여행의 계절을 여름으로 선택한 것에서 비롯되었다. 왜 '여름'인가? 사실, 북유럽에 관심이 생기면서 읽기 시작한 수십 권의 여행책들 속 풍경은 대부분 '겨울'이었다. 외로움, 고독 등으로 점철된 작가의 넋두리와 함께 찍어 올린 사진들은 잠시만 쳐다보고 있어도 곧바로 우울증 걸리기 딱 좋을 듯한 커다란 눈산 풍경들. 그리고, 그 이야기 어딘가의 정점엔 항상 '오로라'가 기필코 나타나고야 만다. '오로라'라…. 태양발 플라스마 광풍 공세에 맞선 지구 자기 방위대의 한판 승부가 연출하는 몽환적 우주쇼. 목성과 토성 등지에서도 관찰된다는 이 범태양계적 판타지는 살아생전 한 번 정도는 꼭 만나볼 만한 장관임에는 틀림없다. 그런데, 문제는 이게 겨울에만 보인다는 점.

북유럽의 겨울 사정을 살펴보자. 휘몰아치는 북극 빙하 바람으로 인해 낮 평균 체감 온도가 영하 10~20도를 밑도는 강추위는 기본이고 하루 일조량은 두어 시간도 안 되거나 아니면 아예 해가 뜨지 않는 기간도 한참이다. 게다가, 어마무시한 겨울 적설량으로 인해 자동차 통행이 불가능한 지역이 태반. 구석구석 자동차로 마음껏 자유롭게 누비고 다니기를 좋아하는 여행자에게는 이래저래 고개가 가로저어지는 상황들이다. 이런 이유로 북유럽의 겨울은 그 위대한 '오로라'의 자태에도 불구하고 찾는 여행자들이 상대적으로 적은 '비수기'.

응? 그런데, 왜 북유럽 여행기나 방송물들은 죄다 겨울 이야기를 담은 거지? 아마도 그만큼 항공비나 숙박비가 상대적으로 저렴해서 경비도 아끼고 그림이 나오는 오로라도 찍어야 할 테니 울며 겨자 먹기로 당연히 겨울 여행을 선택할 수밖에 없는 사정일 게다. 차에서 내릴 때마다 살을 에는 북극풍에 시달리고, 시간 단위로 급변하는 날씨에 갑자기 비행 스케줄이 취소되고 육로가 막히는 등, 계획한 일정이 틀어지기 일쑤인 실제 사정들은 그들의 결과물엔 결코 담기 어려운 '북유럽 겨울 여행'의 현실이다. 그렇게 나름 많은 돈을 들여 여행하며 만든 제작물 내용에 온통 고생한 이야기를 담을 수는 없는 일. 판타지는 무조건 낭만적이고 근사해야만 한다. 그래야지 팔리거든. 여행사에서 밀어주거든. 사실, 이런 이야기는 모든 상업적 창작물의 이면에서 울고 있는 작가주의의 뻔한 넋두리이기도 하다.

막상 북유럽에 살고 있는 친구들은 이구동성으로 여름을 권한다. 자나 깨나 온통 어둡고, 죽고 싶을 정도로 우울하고 추운 날씨의 길고 긴 가을, 겨울 그리고 봄이 지나면 마침내 찾아오고야 마는 북유럽의 여름. 6월 중순부터 8월 말까지, 3개월이 채 되지 않는 짧은 기간인 만큼 그들의 여름은 더욱 간절하고 찬란하다. 강과 바다는 푸르름을 과시하고, 숲과 나무는 저마다의 녹음을 불사른다.

사람들은 너 나 할 것 없이 지지 않는 태양 아래로 뛰쳐나와 장소를 불문하고 반나체로 광합성에 나선다. 물에 뛰어들고, 산을 타고, 바람을 가르며 빙벽을 오르고, 캠핑카를 몰고 탐험길을 떠난다. 그렇게 북유럽의 여름은 자연과 사람들로 가득한, 싱그럽고 활기찬 축제다. 나는 그런 북유럽을 보고 싶었다. 게다가 해까지 여간해서 잘 떨어지지 않으니 여기저기 구석구석 들쑤시고 다녀도 시간적 여유가 철철 남아 넘친다. 그래, 아무리 생각해도 여름이다! 여름!

경비 절감 차원에서 북유럽의 여름 여행이 가져다주는 큰 선물은 바로 캠핑이 가능한 계절이라는 점이다. 상대적으로 비싼 물가의 북유럽의 호텔 하루 숙박비는 대충

30만 원에 육박하고, 호스텔도 8~10만 원 수준. 햄버거 하나 값도 1만 5000원에서 2만 원 정도인데, 캠핑을 하는 경우 하루 숙박비가 4~6만 원 수준에다 식사는 라면, 쌀, 고기 등을 사가지고 다니며 캠핑장이나 도로변 휴게 시설 등에서 대충 해결이 가능하니 여행 기간이 길수록 경비 절감 효과는 제법 쏠쏠해진다. 아이슬란드 섬과 스칸디나비아 전역에 걸쳐 구석구석 캠핑장이 없는 곳이 없고, 덴마크를 제외한 나머지 북유럽 국가에서는 사유지를 제외한 장소에서의 '와일드 캠핑'까지 가능하니 북유럽의 여름은 주머니 사정이 넉넉하지 않은 젊은 유럽 각지 캠핑족들에게는 더할 나위 없이 매력적인 곳. 자동차를 타고 다니다 보면 곧잘 나타나는 커다란 캠핑백을 둘러멘 자전거족, 뚜벅이족들의 모습. 제법 오지 지역의 도로변에서도 어렵사리 만날 수 있는 용감하고 실용적인 여행자들의 풍경이다.

그래, 캠핑을 하면 되겠구나. 근데, 한 가지 문제가 있다.

"캠핑여행 말이야. 텐트를 차에 싣고 다니며, 캠핑장 중심으로 숙박을 잡고, 마트에서 장을 봐서 요리를 해 먹으면 일단 숙식비가 꽤나 줄어들 거 같긴 해. 북유럽에는 전반적으로 캠핑장 시설도 꽤 잘되어 있다는데."
- 그래? 그러면 그렇게 하면 되겠네! 진작 말할 것이지. 그렇게 하는 걸로 하고 가자!
"저…, 이봐…, 자…, 잠깐, 우리 그런데 괜찮을까? 해외는커녕, 한국에서도 캠핑 여행 한 번 해본 적 없는데, 생판 처음 가는 나라에 가서 텐트를 치고 다닌다고? 얼마나 추울지도 모르는데?"
- 에이 뭐, 어떻게 되겠지. 설마 얼어 죽기야 하겠어? 옷도 많이 싸들고 가고, 캠핑은

지금부터 해보면 되잖아, 내일부터 우리 집 옥상에서라도 연습해보자구. 텐트도 치고, 불도 피워 바비큐도 해 먹어보구. 그럼, 그렇게 하는 걸로 하고 가는 걸로 결정!

아, 내 이럴 줄 알았다. 역시 하겠다 마음먹으면 못 말리게 밀어붙이는 이 친구. 하긴, 이런 용감하고 당찬 모습에 반해 여태 함께 살고 있긴 하지만.

왠지 뻐근해져 오는 뒷목을 부여잡으며 고개를 끄덕인 후, 그 길로 함께 텐트를 사러 나갔다.

연남동 옥탑방에서 캠핑 연습 돌입!

D-1

여행 전야, 그리고 여행의 시작

대한민국 서울 연남동, 그리고 인천국제공항

"침낭, 버너, 캠핑 의자, 간이 테이블…. 뭔가 빠뜨린 게 또 없을까?"

- 글쎄, 이 정도만 해도 벌써 짐가방이 만만치 않게 무거울 텐데.

"가스캔 한두 개 정도는 사 가야 되지 않을까? 그 동네 엄청 비쌀 텐데."

- 아마 기내 반입 자체가 안 될걸? 그냥 토치만 들고 가고 비싸더라도 가스는 거기서 사서 쓰는 게 맞을 듯한데.

"우리나라에서 산 토치를 북유럽 가스캔에 연결할 수 있을까? 호환되는 거 맞아?"

아, 이런 디테일에 대한 궁금증은 왜 꼭 당일이 닥쳐서야만 떠오르는 걸까. 그동안 나름 준비하면서 캠핑 관련 책과 북유럽 관련 책도 많이 읽고 인터넷 서핑도 꽤 했건만 막상 떠나는 날이 닥치니 미처 생각하지 못했던 의문점들이 마구마구 떠오른다. 뭐, 어쨌거나 쇼핑몰 한가운데에 서서 마냥 고민만 하고 있을 수는 없는 일. 뭐, 거기도 다 사람 사는 곳이니 정말 필요한 게 또 생기면 그때 거기서 사면 되겠지. 어차피 무지의 대가는 어김없이 돈으로 치러야 될 비용이다. 별 수 있나. 완전 초짠데. 어쨌거나, 일단 캠핑 장비 쇼핑은 대충 이 정도까지만 하기로 하고 집으로 돌아와 꾸역꾸역 여행가방을 꾸리기 시작했다.

두 명이서 기본 항공 요금으로 실을 수 있는 가방은 총 네 개. 수하물과 기내 반입 가방 각각 두 개씩이다. 일단 수하물로 보내는 큰 가방에 캠핑 장비와 옷가지 그리고 영상 촬영 장비 등을 최대한 구겨 넣기 시작했다. 가방은 이미 터질 듯 배가 불렀는데 더 싸야 할 남은 짐들은 여전히 터무니없을 정도로 많다. 여행자가 싸는 짐의 크기는 두려움의 크기와 비례한다고들 하던데. 그만큼 이번 여행에 대한 우리의 두려움이 크긴 큰가 보다. 하긴 당연하지. 북유럽도 처음이고 캠핑도 처음인데.

"아… 이거 테이블하고 의자는 전혀 넣을 공간이 없는데?"
- 그래도 계속 캠핑하고 다니려면 없으면 안 될 것 같은데….
"아까 쇼핑할 때 보니깐 이것보다 훨씬 더 부피가 작은 테이블, 의자 세트 있던데, 그걸로 살 걸 그랬나 봐."

결국, 우린 다시 한 번 일산 이마트까지 갔다 와야만 했다.

자동차 캠핑여행을 하고 다니려면 중간중간 궂은 날씨나 비상사태를 만났을 때 신속하게 장비들을 뺐다 넣었다 할 수 있도록 가방별로 내용물의 종류가 사전에 잘 정리되어 있어야 한다. 잘못하면 뭐 하나 찾기 위해 가방 전부를 마구 헤집어대야 하는 난리가 벌어질 수 있기에. 나름 이 정도면 가방별로 찾기 쉽게 내용물을 잘 분리해 넣은 것 같은데, 하며 뭔가 뿌듯한 마음으로 가방들을 쳐다보고 있는데, 옆에서 아내가 한마디 한다.

"근데, 가방별 무게도 미리 재봐야 하는 거 아닐까?"

이런, 황급히 핀에어 화물 규정을 찾아보니 '수화물 한 개당 23킬로그램까지 무료이고 그 이상 초과 금액은…'까지만 확인하고 수하물 가방 무게들을 재보니 캠핑 장비 가방은 30킬로그램에 육박한다. 하지만 다행히 옷가방이 20킬로그램 정도. 종류별

가방 분류고 뭐고, 그건 도착지에 가서 다시 정리하기로 하고 이리저리 옷가지와 캠핑 장비들을 재분배하며 다시 짐을 쌌다. 그래도 여전히 6킬로그램 정도의 초과 짐이 남는데, 이것들은 기내 반입용 가방에다 우겨 넣었더니 양쪽 수하물 가방이 23킬로그램 정도로 간신히 맞춰진다. 그래, 이제는 비행기 탈 준비가 끝난 것 같다! 편안해진 마음으로, 내일 새벽에 공항으로 떠나기 위해 일찍 잠자리에 들었다.

잠결에 아련히 떠오른 생각…. '잠깐, 기내 반입 가방은 무게 제한이 없을까?'
…에라 모르겠다. 일단 잠이 들었고, 기내 반입 가방 무게 초과로 탑승이 금지되는 악몽을 꾸었다.

다음 날, 조마조마한 마음으로 체크인을 하기 위해 카운터에 갔더니, 아니다 다를까! 꿈속에 나타났던 그대로 카운터에 떡하니 기내 반입 가방 무게 규정이 붙어있다.

'기내 반입 가방 무게 제한: 8킬로그램까지'

이런, 큰일이다. 배낭 하나는 각종 녹화 장비에다 어제 추가로 때려 넣은 물건들로 가득해 꽤 무거울 텐데…. 카운터의 저울로 무게를 재보니 16킬로그램!

"이건 너무 무겁네요. 기내 반입이 어렵구요. 다른 가방에 나눠서 분산시켜보세요."

다른 가방 무게도 재보니 10킬로그램! 택도 없다. 어디다가 버리고 가야만 하는 건가?

뭘 버리지? 촬영 장비? 옷가지? 텐트를 버리고 가서 사? 남편 머리가 복잡해지면서 서서히 패닉 상태로 가고 있는데, 아내가 옆에서 갑자기 잔머리 기지를 발휘한다.

"여자 핸드백 같은 건 추가로 하나 더 들고 탈 수 있지 않나요?"
- 네, 맞아요.

아내, 방송 장비 배낭에서 카메라 가방을 꺼내더니 제일 무거운 장비 몇 가지를 거기다 꾸겨 넣고는 핸드백처럼 둘러멘다. 배낭을 정리한 후 카운터로 가서 배낭 무게를 다시 쟀더니 이번엔 둘 다 10킬로그램 정도 나온다.

"이 정도는 괜찮아요. 들고 타세요"라며 기내 반입 가능 태그를 달아주는 카운터 직원.

휴… 아내의 재치 있는 순발력 덕에 버리는 짐 하나도 없이 무사히 비행기 탑승. 어딘가 위태로워 보이는 '80일간의 북유럽 여행'은 이렇게 시작되었다.

#시작부터 좌충우돌 #일단 가보는 거다

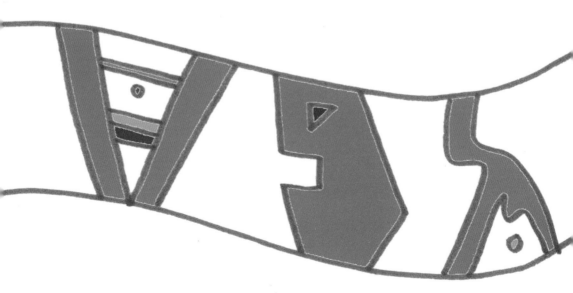

캠핑 초짜가 '어쨌든' 준비한 해외 캠핑장비 리스트

캠핑용품
방수 텐트, 슬리핑백, 에어쿠션, 휴대용 버너(가스 제외), 바람막이, 캠핑 의자, 접이식 천
테이블, 토치(부탄가스, 모기약 등 나머지 자질구레한 물건들은 가서 사는 걸로)

음식물
고추장, 쌈장, 고춧가루, 참기름, 조미료, 간장, 된장, 컵라면(해체 후 재포장), 김, 햇반, 통조
림 깻잎, 즉석 미역국

그 외 짐 가방들
촬영 장비 가방: 무빙캠 세트, 카메라 세트
옷 가방: 겨울 옷(오리털 파카 포함)과 여름 옷 적절히, 하이킹 부츠, 운동화, 샌들
책 가방: 노트북, 참고용 서적들

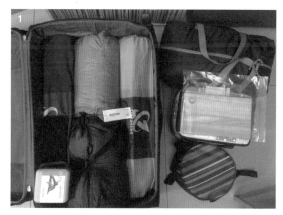

1 장기간 해외 캠핑은 장비의 부피와 무게 싸움이다. 조금 더 비싸더라도 되도록 가볍고 조그만 장비들을 마련하는 쪽이 결국 돈값을 한다. 특히 에어쿠션에는 돈을 아끼지 말 겟! 로드 트립의 질을 결정하는 편안한 잠자리와 연관이 깊다

2 웬만한 북유럽 도시에는 대부분 '아시아 마켓'이 들어서 있기에, 라면, 쌀 등 기본적인 아시아 음식 재료들은 현지에서 살 수 있다. 특수한 조미료나 간식거리 외에는 많이 싸들고 갈 필요가 없다. 물론, 한국 물가가 북유럽보다 싸긴 하지만 수하물 비용을 생각하면 거기서 거기다

3 모처럼 큰맘 먹고 떠나는 긴 여행의 순간순간들을 최대한 담아보고자 장비 욕심을 잔뜩 부렸다. 고프로 두 대와 DSLR 카메라 한 대, 각종 부속 장비까지. 특히 차량용 거치대는 여행 기간 내내 '열일'하며 멋진 영상들을 쉽사리 담아내는 데에 크게 기여했다

아이슬란드를 달리다

Day 1

불과 얼음의 행성에 불시착

핀란드 '헬싱키', 아이슬란드 '케플라비크' 공항

그리고 '레이캬비크'

수많은 경유지를 거쳐봤지만

보통은 얼굴만 확인하고 도장만 찍어주던데,

입국 심사도 아닌 경유지 여권 심사대에서

이렇게 긴 잡담을 해보긴 처음이다

여행 며칠 전 읽었던 책에 보니

핀란드 사람들이 말 없고

무뚝뚝하기로 유명하다 했는데,

개뿔

아이슬란드로 향하는 비행기로 환승하기 위해 핀란드 헬싱키 공항에 도착. 비행기에서 내리는데 입국 심사 관련 서류를 작성하라는 이야기가 없다. 아마 환승이라 그런 걸까? 궁금해하며 안내 표시를 따라 걸어가니 여권 심사대가 나온다. 그렇지, 보통은 경유지에서도 여권 검사가 있었지. 심사관과의 대화가 시작되었다.

- 아이슬란드로 가세요?

"네"

- 며칠이나?

"2주 정도요."

- 다른 나라도 가나요?

"그 후에 덴마크, 스웨덴, 핀란드, 노르웨이….."

- 스칸디나비아 국가 전체를 다 가네요? 총 얼마나 머물러요?

"80일요."

- 와우! 숙소는 다 정했어요?

"초반 이틀만 잡았고 나머지는 캠핑을 주로 하려구요."

- 오호, 여름이니깐 가능하겠네요. 그런데 북쪽으로 가면 모기들이 장난 아닐 텐데.

"제가 사는 나라도 여름에 모기가 많아서 뭐, 익숙해요."

- 호… 용감한 '아웃도어 피플'인가 보군요. 굿 럭 앤드 해브 펀!

"뭐, 별로 그런 건 아닌데 이번에 한번 노력해보려구요. 땡스!"

수많은 경유지를 거쳐봤지만 보통은 얼굴만 확인하고 도장만 찍어주던데, 입국 심사도 아닌 경유지 여권 심사대에서 이렇게 긴 잡담을 해보긴 처음이다. 여행 며칠 전 읽었던 책에 보니 핀란드 사람들이 말 없고 무뚝뚝하기로 유명하다 했는데, 개뿔.

어쨌든 무사히 여권 심사대를 통과, 첫 번째 북유럽 여행국인 아이슬란드로 들어가는 비행기에 올랐다.

한 시간 좀 넘게 졸다 깨다를 반복, 드디어 기내 방송이 케플라비크(Keflavík) 국제공항 도착을 알린다. 비행기 창문에 얼굴을 대고 빼꼼 내려다보니 새하얀 빙하와 푸른 녹지들이 이리저리 뒤섞인 풍경들이 보이는 게 마치 외계 행성에 착륙하고 있는 듯. 역시 소문대로 꽤나 비현실적이다.

주섬주섬 짐을 챙긴 후 비행기를 내려 터미널로 걸어 나오는데, 어라? 뭔가 이상하다. 분명히 입국 심사대를 아직 거치지 않았는데 짐 찾는 데가 바로 나오는 게 아닌가. 아이슬란드에서는 짐을 먼저 찾고 입국 검사를 하는 걸까? 아냐, 말이 안 되는 것 같은데…라고 생각하는 사이 우리는 어느새 나온 짐을 끌고 공항 로비로 빠져나와 있었다. 뭐지? 입국 심사가 없다?! 잠시 후 깨달았다. 아, 핀란드에서 한 경유지 여권 검사가 바로 입국 검사였구나. 어쩐지 질문이 많다 했다. 북유럽 국가들은 정말 하나의 나라처럼 움직이는구나. 비자가 필요 없는 여행지라 그런지 별도의 입국 서류 작성도 없이 첫 번째 경유지에서 여권 검사와 몇 가지 질문들만으로 입국 절차 끝! 이렇게 편리할 수가.

핀란드 헬싱키 공항 내에서 환승 대기 시간에 여유가 있다면, 청사 내를 꼭 한 바퀴 둘러보기 바란다. 비싼 호텔 로비에서나 만날 수 있을 법한 근사한 북유럽 스타일의 라운지 바들이 곳곳에 숨겨져 있다

공항 면세점에 들어서자마자 우리를 반기는 '무민'. 북유럽 어느 국가를 가든지 쉽게 만나볼 수 있는 이 귀여운 녀석들은 핀란드를 넘어 북유럽 전체를 대표하는 문화 아이콘이 되었다

핀에어 항공의 서울–헬싱키 노선의 기내식. 저기 보이는 김치팩 맛이 꽤나 괜찮다. 따로 챙겨놓았다가 레이캬비크 캠핑장에서 꺼내 먹었는데 눈물이 날 지경이었다

상공에서 바라본 아이슬란드.
얼핏 보아도 넓게 분포된 빙하와 화산이 뒤섞인 특이한 지형이
그야말로 지구를 떠나 다른 행성에 도착하는 느낌을 들게 한다

1 아이슬란드의 관문 케플라비크 공항 로비. 인구 30만의 작은 나라의 국제공항인지라 평소
  에는 한산하지만 여름철만큼은 몰려드는 관광객으로 꽤나 붐빈다

2 이곳은 호텔 로비가 아니다! 케플라비크 공항 로비 한쪽에 그려져 있는 벽화. 공항을 채 벗
  어나기도 전에 생활 속의 디자인 감각과 심플한 아트워크를 실감한다

이제부터 진짜 여행 시작이다. 시차 때문에 졸리지만 정신 바짝 차리고, 케플라비크 공항에 내려서 반드시 해야 할 세 가지 작업에 착수했다.

우선, 아이슬란드 지폐 환전을 하고* 그다음으로 심카드를 구입해서 휴대폰의 인터넷 및 전화 개통을 했다. 이제 렌터카만 찾으면 되는데 이게 좀 난해하다. 비용 절감을 위해 가장 싼 렌터카 업체를 골라 예약한 것이 화근. 대형 렌터카 업체의 카운터는 공항 로비 내에 입점해 있어 쉽게 찾을 수 있는데, 우리가 예약한 업체의 카운터가 보이지 않는다.

"우리 예약한 업체 이름이 뭐였지?"
- 고우… 뭐였는데…."
"고우 아이슬란드?"
- 어… 그거였던 거 같아."

공항 내 안내 직원에게 물어봤더니 '고우 아이슬란드' 사무실은 공항 바깥에 걸어갈 수 있는 거리에 있단다. 커다란 배낭을 둘러멘 채 이민가방을 터덜터덜 끌며 알려준 방향으로 10분 정도를 걸으니 렌터카 사무실 몇 개가 함께 입주해 있는 트레일러 건물 등장. 사무실로 들어가 우리 이름을 말하고 차를 달라고 했더니, 예약자 명단에

---

* 인천공항 환전소에는 아이슬란드 화폐가 없다. 먼저 유로로 바꾼 다음 현지에서 다시 환전해야 한다. 나머지 북유럽 국가 화폐들은 인천공항에서 환전이 가능하다.

그런 이름이 없단다. 황당한 표정을 지으며 직원에게 예약 정보를 보여줬다.

"아, 이거 우리 쪽이 아닌데요. 이건 '고우 렌탈카 닷컴'이네요."
- 이런… 죄송합니다. 근데 이건 어디 있어요? 카운터랑 사무실이 안 보이던데."
"이 업체는 사무실이 따로 없어요. 공항에서 팻말을 들고 기다리고 있었을 텐데…."
- 아, 이런… 이런….

이런, 다시 자세히 예약 정보를 보니 '딜리버리(Delivery)'라고 되어 있다. 뭔가 공항 사무실로 차가 와 있을 거라고만 생각했지, 이게 설마 직원이 팻말을 들고 나와 있겠다는 말이었을 줄이야. 공항 로비로 나왔을 때 그냥 지나쳤던 마중 나온 사람들 중에 있었던 게 분명하다. 문제는 우리가 그걸 모른 채 환전에, 심카드 구매에, 게다가 배가 너무 고파 핫도그까지 하나 사 먹느라 이미 도착 후 한 시간이 훌쩍 넘었다는 점. 다시 짐을 터덜터덜 끌고 공항 로비로 돌아갔지만 우리 이름이 적힌 팻말을 든 직원의 모습은 당연히 보이지 않았고, 부랴부랴 예약 정보에 나와 있는 렌터카 회사 번호로 전화를 걸었다.
난리통에 결국 다시 공항으로 나와 우리를 만난 회사 직원. 뱀파이어 영화 〈뉴 문〉의 주연 배우 크리스틴 스튜어트를 살짝 닮은 앳된 얼굴의 소녀다.

- 저, 여기서 한 시간 넘게 기다리다 사무실로 돌아갔었어요.
"너무 미안해요. 우리가 '딜리버리'의 의미를 잘 몰랐어요. 완전 우리 잘못이에요."
- 아니에요. 커뮤니케이션 실수는 항상 쌍방 문제니, 저희도 뭔가 잘못한 거겠죠.

호… 꽤나 성숙한 대응 방식이 인상적이다. 매뉴얼일까? 아니면 그냥 이 동네 사람들의 품성일까? 아무튼 이 직원, 재빨리 감정 수습 후 능숙한 영어로 각종 주의 사항과 계약 상황 설명을 마치더니 마지막으로 당부 사항을 하나 덧붙인다.

"여기서 운전할 때 바람 조심하세요. 섬 전체에 나무가 별로 없어서 차 안에서는 바람이 얼마나 센지 알기 힘들거든요. 아무 생각 없이 달리는 도중 창문을 내리거나, 문을 열어놓은 채 차에서 내리다가 차 안 물건이 멀리 날아가버리는 경우가 꽤 많아요. 아무튼, 주변이 고요해 보이더라도 이곳에서는 바람이 항상 아주 세게 분다, 이렇게 생각하시면 돼요."

인상적인 마지막 당부와 함께 그녀는 자동차 열쇠를 건네주고 사라졌고, 우리는 새하얀 스즈키 사륜구동 지프를 몰고 공항을 빠져나오기 시작했다. 그녀의 말대로 정말 나무 하나 보이지 않는 황량한 흑갈색 대지 위를 회색빛 포장도로가 홀로 가른다. 저기 저 멀리 땅 위에서 모락모락 피어나고 있는, 이유가 짐작되지 않는 연기 한 자락이 우리가 지구상에서 가장 범상치 않은 풍경을 가진 나라 아이슬란드에 도착했음을 알려주고 있다.

#다른 행성에 불시착
#여긴 어디 #나는 누구

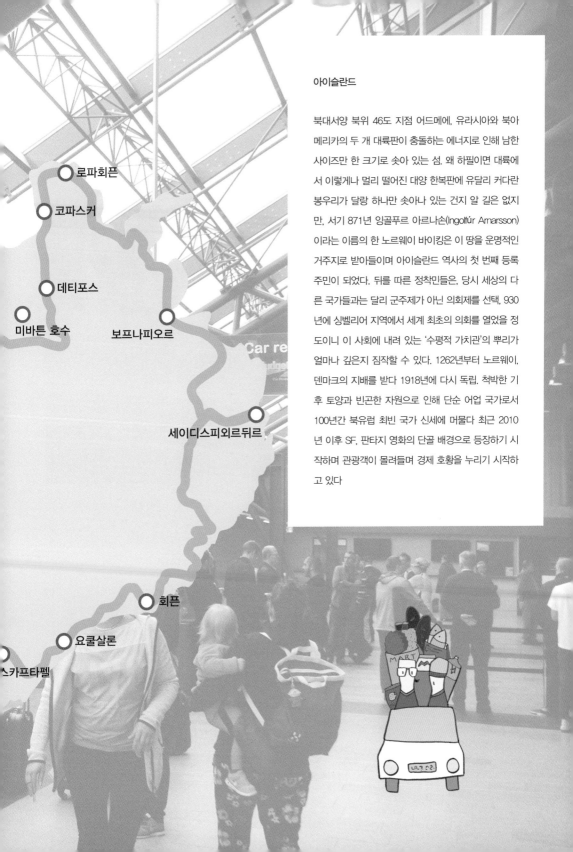

로파회픈

코파스커

데티포스

미바튼 호수

보프나피오르

세이디스피외르뒤르

회픈

요쿨살론

스카프타펠

아이슬란드

북대서양 북위 46도 지점 어드메에, 유라시아와 북아메리카의 두 개 대륙판이 충돌하는 에너지로 인해 남한 사이즈만 한 크기로 솟아 있는 섬. 왜 하필이면 대륙에서 이렇게나 멀리 떨어진 대양 한복판에 유달리 커다란 봉우리가 달랑 하나만 솟아나 있는 건지 알 길은 없지만, 서기 871년 잉골푸르 아르나손(Ingólfur Arnarsson)이라는 이름의 한 노르웨이 바이킹은 이 땅을 운명적인 거주지로 받아들이며 아이슬란드 역사의 첫 번째 등록 주민이 되었다. 뒤를 따른 정착민들은, 당시 세상의 다른 국가들과는 달리 군주제가 아닌 의회제를 선택, 930년에 싱벨리어 지역에서 세계 최초의 의회를 열었을 정도이니 이 사회에 내려 있는 '수평적 가치관'의 뿌리가 얼마나 깊은지 짐작할 수 있다. 1262년부터 노르웨이, 덴마크의 지배를 받다 1918년에 다시 독립. 척박한 기후 토양과 빈곤한 자원으로 인해 단순 어업 국가로서 100년간 북유럽 최빈 국가 신세에 머물다 최근 2010년 이후 SF, 판타지 영화의 단골 배경으로 등장하기 시작하며 관광객이 몰려들며 경제 호황을 누리기 시작하고 있다

렌터카를 빌리는 것은 여행의 시작!

1 저가 렌터카 사무실들은 공항 로비 바깥 별도 건물에 배치되어 있는데 꽤 걸어 나가야 한다. 다소 귀찮긴 하지만 아끼려면 부지런해질 수밖에

2 '딜리버리' 항목이 표시되어 있는 경우는 공항 로비에서 렌터카 직원을 만나 바로 차를 인계받을 수 있다. 미리 알았더라면, 공항 로비에서 두 시간씩이나 날리는 일은 없었을 텐데

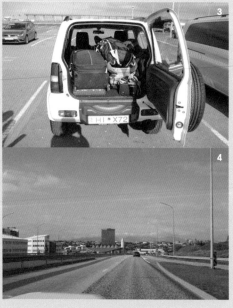

3 렌터카로 '스즈키 사륜구동'이 나왔다. 대형차는 아니지만 실내가 넓어 짐을 꽤 실을 수 있어서 만족. 사륜구동은 이륜구동보다 렌트비가 두 배 더 비싸지만 아이슬란드 비포장도로를 마음껏 달리려면 필수다

4 공항에서 레이캬비크로 진입. 저 멀리 아이슬란드 국민의 3분의 1이 모여 살고 있는 '대도시'(그래봤자 도시 인구 10만이 조금 넘을 뿐이다)의 전경이 보인다

저 멀리 바닷가를 따라 레이캬비크(Reykjavik) 도심 전경이 보이기 시작하나 싶더니, 어느새 도시 지역으로 들어와 있다. 나라 전체 인구 32만 명 중 3분의 1이 훌쩍 넘는 13만 명 정도가 모여 사는 아이슬란드 수도답게, 제법 큰 건물들도 많고 익숙한 상호들도 눈에 보이는 것이 도시 삶에 익숙한 우리 부부에게 묘한 안도감을 준다.

캠핑 완전 초보가 난생처음 와보는 나라에서 시차 적응도 안 된 첫날부터 텐트 치는 건 자신이 없어서 첫 이틀 정도는 B&B* 사이트에서 저렴한 숙소를 찾아 예약하고 왔더랬다.

"우리 숙소가 어디지?"
- 구글 맵에 따르면 도시 약간 외곽인 것 같은데?
"역시 싼 이유가 있구먼. 일단 거기로 갈까?"
- 응 그러자. 시차 때문에 그런지 너무 졸려.

그렇겠지. 렌터카 찾는다고 어리보기하는 통에 공항 도착 후 세 시간이 지나서야 레이캬비크로 입성한 현지 시각은 저녁 7시. 시차가 아홉 시간 정도니 한국 시간으로는 꼴딱 밤을 샌 새벽 4시 꼴이다. 점점 더 졸릴 지경이라 시내 구경이고 나발이고 일단 숙소로 후퇴해 전열을 가다듬기로 결정, 첫 번째 숙소의 주소지로 차를 몰아갔다.

---

* B and B, Bed and Breakfast. 아침 식사가 나오는 간이 민박

"이 근처인 것 같은데 주소지에 번지수가 안 나와 있네?"

- 그러게. B&B 사이트를 다시 봐도 거리 이름만 나와 있었어.

헐. 어쩔 수 없이 전화를 걸어봐야 하는 시점이 다시 도래했다. 공항에서 심카드 살 때 통화는 필요 없이 인터넷만 되면 되지 않을까 살짝 고민했는데, 첫날부터 벌써 두 번째 통화라니. 이제는 충전했던 100분 통화가 부족하지는 않을까 걱정이다. 어쨌든 전화하기는 영어가 능숙한 아내 전담. 스피커폰으로 걸어보니 여자분이 받는다.

"#@$%@#$%#%(아이슬란드어…인 것으로 추측됨)"

- (영어로) 여보세요? 여보세요?

"(그제야 상대방도 영어로) 여보…세요?"

- 오늘 숙소 예약한 사람인데요. 주소지에 보니 번지수가 없네요. 어떻게 되죠?

"문 위에 숫자 5… 숫자 5….."

뭐지? 번지수가 5번지라는 건가? 아님 숙소 중 5호실이라는 건가? 일단 이분 영어가 매우 짧다는 게 파악된 이상 더 괴롭혀봤자 혼선만 일어날 것 같아 바로 통화를 마무리하고 '숫자 5'라는 단서를 따라 숙소를 찾기 시작했다. 다행히 대부분 건물 외곽 어딘가에 번지수로 추측되는 숫자들이 써 있었고 숫자의 변화를 쫓아 5번지로 보이는 위치의 건물 앞에 도달했는데, 대문도 활짝 열려 있고 건물에 인기척이 전혀 없는 게 또 뭔가 이상하다. 확신 없는 상태에서 무작정 들어가기도 뭐해서 또다시 전화해 보니, 대문 열려 있는 이 집이 맞단다.

문을 열고 들어가봤더니 응접실도 공사 중이고 방도 휑하니 간이침대 매트릭스 두 개 덜렁 놓여 있는 게 영 별로다. 역시 싼 게 비지떡이라더니, 7만 원 정도 숙소가 이렇구나. 시내에서도 꽤나 먼 것 같은데 말이지. 불평이 전염될까 애써 속으로만 투덜대며 일단 짐을 풀었다. 비몽사몽 헤롱 모드로 가방의 짐을 다시 정리하며 시간을 보내다 문득 이 동네 상점들이 문을 일찍 닫는다고 했던 이야기가 떠올랐다. 시계를 보니 벌써 8시 반! 이런… 창밖은 아직 대낮인데. 맞아, 이 동네 '백야'라 그랬지. 황급히 문을 연 마트를 검색해보니 다행히 주변에 저녁 9시까지 문 여는 슈퍼마켓이 하나 있다. 그래도 저녁은 먹고 자야지 하는 일념으로 후다닥 출동!

아이슬란드 곳곳에서 볼 수 있는 마트 '크로난(Kronan)'. 저녁 9시 영업 종료인데, 그나마 늦게까지 하는 편이다

다행히 아직 열려 있는 마트에 도착. 호기심 어린 눈초리로 진열된 상품들을 들여다
보기 시작했는데, 포장지에 적힌 정보가 대부분 아이슬란드어라 뭐가 뭔지 알 수가
없다. 그나마 숙소에 있었던 유일한 조리 기구인 전자레인지에 돌릴 수 있어 보이는
음식들과 2주간 운전하고 다니며 먹을 음료와 간식 등을 주섬주섬 주워 담고 나오
니, 우리 바로 뒤에서 마트가 문을 닫기 시작한다. 무슨 액션 영화 찍는 것도 아닌데
어쩜 이리도 아슬아슬할 수가.

다시 돌아온 숙소의 침대 사이에 캠핑 테이블을 펼쳐놓고 간이 밥상을 차렸다. 역사
적인 80일 여행의 첫 식사를 전자레인지 음식으로 때우고 나니 하염없이 처지기 시
작하는 눈꺼풀. 침대에 쓰러져서 눈을 감았지만 창밖은 여전히 대낮이고 심지에 동
네 아이들 공놀이하는 소리까지 들린다. 아니, 도대체 지금이 몇 신데… 하며 시계를
쳐다보니 밤 10시가 넘어가고 있는 중. 아, 북유럽 백야 신고식 지대로다.

밤 10시인데도 밖은 여전히 대낮이다. 눈부신 북유럽의
백야는 아이슬란드 여행 내내 시간 감각을 잊어버리게 만
들었다. 마치 태양이 하늘 한편에 고정되어버려 영원히
지지 않는 느낌이랄까

첫째 날 쓴 돈
(원 환산 × 11)

공항 10/11 핫도그	649 ISK
	(7,140원)
심카드*	5,000 ISK
(데이터 2기가＋100분 통화)	(55,000원)
렌터카	200,000 ISK
(15일, 사륜구동)	(2,200,000원)
공항 주차비	500 ISK
	(5,500원)
마트 크로난 쇼핑	9,452 ISK
	(103,970원)

(저녁거리, 2주간 운전하고 다니며 먹을 음료와 간식 등)

B&B 숙소	6,000 ISK
	(66,000원)

* 공항 내의 10/11 편의점에서 구매가 가능하다

1 공항 10/11 편의점 내에서 파는 핫도그

2 마트에서 파는 많은 제품들에 영어 표기가 되어 있지 않다. 사진에 의존해서 구매할 수밖에

3 북유럽 5개국에서 쓰는 화폐 단위는 모두 다르다. 유로를 사용하는 유일한 북유럽 국가 핀란드 외에는 모두 자국의 고유 화폐를 쓰고 있어서, 국가간 이동하며 여행할 때엔 환전과 환율 계산이 꽤나 헷갈린다

Day 2

신뢰 사회에서 나 홀로 의심

'레이캬비크' ~ 서부 피오르 '이사피외르뒤르' ~ '플라테리'

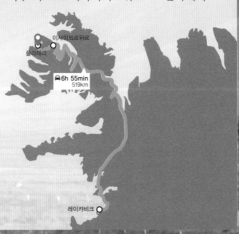

이사띠외르뒤로

플라테리

🚗 6h 55min
519km

레이캬비크 ○

"주유 먼저 하고, 한 만큼 돈 내면 됩니다."

"기름 넣고 그냥 도망가는 사람들 없나요?"

영화 〈토르〉의 주인공처럼 생긴 직원,

입꼬리를 잔뜩 올려 미소 지으며 천천히 고개를 가로젓는다

신뢰 사회, 북유럽에 왔다

낯선 행성에서 맞이한 첫 번째 아침. 눈뜨자마자 머리맡 커튼부터 살짝 걷어보았다. 밖은 여전히 잠들기 전과 별 다를 바 없는 대낮 풍경. 해가 지기나 했을까? 옆 매트리스의 아내도 커튼 틈 사이를 헤집고 들어온 햇살에 못 배긴 듯 부스스 일어난다. 함께 주섬주섬 가방을 꾸린 후, 뭐라도 챙겨 먹을 겸 레이캬비크 도심으로 차를 몰았다.

화요일 오전 8시경의 레이캬비크. 그래도 한 나라 수도의 러시아워인데 '러시'하는 차는커녕, 거리에 인기척조차 별로 없다. 서울로 치면 종로 한복판 정도 되는 도심 한가운데로 차를 몰고 난입해봐도 썰렁하기는 마찬가지. 카페를 포함한 가게들 대부분은 아예 문도 안 열었다. 아, 이렇게 게을러도 먹고살 수 있단 말이지. 밀려오는 억울함을 애써 누르며 천천히 주차할 곳을 찾아보았다. 한참을 돌아다녀도 거리에는 여전히 인기척 하나 없다. 젠장, 이 나라 사람들의 기상 시간은 대체 몇 시일까.

전 세계에서 물가 비싸기로 노르웨이와 함께 쌍벽을 이룬다는 아이슬란드. 표지판을 자세히 보니 오전 9시까진 거리주차가 무료인 듯. 옳거니, 한 시간은 맘 편하게 돌아다닐 수 있겠다. 잠깐, 그러면 뭐하나. 문 연 곳이 없을 텐데. 그래도 뭐, 뾰족한 다른 수도 없고 해서 일단 차를 세우고 아침을 때울 수 있는 곳을 찾아 나섰다.

세 블록 정도를 허탕 치며 돌아다닌 끝에 겨우 발견한 곳은 던킨도너츠. 역시, 대기업만 부지런하구나. 돈 버는 데엔 다 이유가 있다. 우리나라 사람들 여기서 장사하면 떼돈 벌지도. 어쨌든 각설하고 감사한 마음으로 들어가보니 이른(?) 아침임에도 불구하고 몇몇 손님들이 나름 바쁜 아침을 간단하게 때우고 있다. 하긴, 도시 전체에서

1 도심 곳곳에 배치되어 있는 레이캬비크 지도. 반나절이면 대충 돌아보기엔 충분할 정도의 아담한 도시이다

2 레이캬비크의 랜드마크 할그림스 키르캬 성당으로 향하는 도심 중앙도로. 오전 8시가 훌쩍 넘었는데도 인적이 드물다

3 던킨도너츠 내부 진열장. 아이슬란드 국기의 구성 색깔인 파랑 바탕에 하양, 빨강 줄무늬 도넛이 가장 잘 보이는 곳에 전시되어 있다

4 무료 와이파이가 보장되는 여행자의 오아시스, 스타벅스는 아이슬란드에 없다. 이곳에서는 그 역할을 던킨도너츠가 대신하고 있는 듯. 창가 너머의 한 여행자(?) 모습이 왠지 반갑다

이 시간에 여기밖에 문 연 곳이 없으니, 거봐 떼돈 번다니깐. 아이슬란드 국기를 연상시키는 앙증맞은 치장의 '커피&도넛'과 함께 오늘 운전 경로를 간단히 점검했다.

첫 목적지로 정한 곳은 아이슬란드 서부 피오르 지역. 몇몇 아이슬란드 관련 여행서적을 꽤 읽었는데, 이 지역에 대한 이야기나 사진은 별로 없었다. 아마도 겨울의 많은 적설량과 험한 지형으로 인해 여름 한철만 길이 열리는 곳이라 그런 듯하다. 뭔가 금단의 지역 같아 보이기도 하고, 지도상의 지형도 물고기 지느러미같이 묘하게 생겨 왠지 이곳을 먼저 달려보고 싶어졌다. 아무튼 남들 잘 안 하는 걸 꼭 해보고 싶어하는 지랄맞은 성격인지라. 조금 남은 식은 커피를 마저 들이켠 후 길을 떠났다.

우와… 이건 뭐… 도시를 벗어나자마자 영화 〈반지의 제왕〉 풍경이다. 아침 안개가 걷히며 때맞춰 드리운 새파란 하늘 아래 푸른 초장 너머로 우뚝 솟은 검붉은 산, 그리고 그 중턱에 흩어져 있는 눈덩이의 조합이 마치 몇 가지 계절이 뒤섞인 듯하다. 조금 더 달리니 좌측으로 푸른 바다까지 더해져 애써 비현실적으로 꾸며 그린 상상화 같다.

레이캬비크를 북쪽으로 벗어나 소위 '링 로드(Ring Road)'라 불리는 1번 도로를 시계 방향으로 감아 오르며 한 시간 남짓 달리니 평지에서 갑자기 내리막 터널 등장. 뭔가 하고 지도를 보니 이게 바다 밑으로 들어간다. 터널로 진입하니 낯선 표지판이 일정한 간격으로 보이기 시작. 이건 또 뭔가. 그냥 몇 개 지나친 후 다음 표지판에서 속도를 줄여 자세히 보니 앞으로 2킬로미터 남고, 뒤로 4킬로미터 달렸다는 표시. 장장 6킬로미터의 긴 해저터널이다! 이렇게 힘들게 공사해서 만든 도로가 설마 공짜

레이캬비크 외곽 도로의 여름 풍경. 그리 높지 않은 봉우리 하나에 하단부의 녹지의 색깔과 중단부의 검붉은 화산재 지역, 상단부에 걸친 하얀 눈의 대조가 자연스럽게 어우러진다

해저터널 출구에 있는 톨게이트. 왼쪽 차선
이 현금 계산이다. 아이슬란드 여름의 외곽
도로상 차량은 대부분 관광객 렌터카이니 헷
갈릴 때엔 무조건 줄이 길게 늘어서 있는 쪽
으로 붙는 게 상책

일까 하며 터널을 빠져나오니, 아니나 다를까 돈 받는 창구가 떡하니 버티고 있다.

대기 줄이 짧은 차선과 긴 차선이 있었는데 여행자의 감으로 일단 긴 차선에 붙었다.
가까이 가보니 짧은 줄 쪽은 '하이패스' 같은 태그를 단 차만 지나갈 수 있다. 감이
맞았군! 하며 우쭐대려는데, 태그 없이 그쪽 라인의 카운터까지 진입한 한 자동차가
낑낑대며 후진하는 게 보인다. 자칫했으면 우리도 딱 저 짝이었겠지. 갑자기 안돼 보
이며 겸손해지자고 마음을 고쳐먹었다. 그 사이 다가온 우리 차례, 수금원에게 통행
료 1만 원을 헌납했다.

계속 나타나는 비현실적 풍경에 아내는 옆자리에서 연신 셔터를 눌러대고, 남편은 운
전대를 잡은 채 넋 놓고 전방 구경을 하다 문득 꽤 달린 것 같다는 생각에 슬쩍 기름
걱정이 되기 시작했다. 게이지를 보니, 벌써 절반 이상 소진. 인적 없는 구간이 한참
이어진 데다, 잠시 후면 1번 도로를 벗어나 더 오지인 듯한 피오르 구간으로 접어드는
데 주변은 주유소가 나올 분위기가 전혀 아니다. 으, 제발 뭐라도 나타나야 할 텐데….

마침내 국도로 빠져나가는 교차로 지점에 도착. 오아시스처럼 떡하니 주유소가 나타났다. 전혀 그런 게 있을 것 같지 않은 황량한 곳에, 그것도 아주 깔끔한 휴게 시설과 함께! 레이캬비크에서 서부 피오르로 여행하는 차들이 딱 필요한 지점에 도저히 기름을 안 넣을 재간이 없도록 절묘한 지점에 잘도 지어놓았다. 그래서 그런지 휴게소 안은 손님들로 득실득실. 레이캬비크에서 본 전체 사람 수보다 여기가 훨씬 더 많다. 간단하게 햄버거 정도로 점심을 때울까 하고 메뉴를 보니 가격은 결코 간단하지 않다. 에라 모르겠다. 어차피 비싼 거, 오지로 들어가기 전 든든하게 배를 채우기로 하고 햄버거와 쌀요리가 사이드로 나오는 음식과 음료 하나를 시켰더니 4만 원 정도가 나온다. 서서 먹으면 1만 원, 앉아서 먹으면 2만 원, 칼질이라도 하려면 5만 원이란 소문 딱 그대로다.

식사를 한 후 기름을 채우기 위해 주유소 쪽으로 갔는데 이런, 신용카드 인식기가 온통 아이슬란드어다. 어쩌라고…. 별 수 없이 현금 주유를 위해 가게 안으로 들어갔다.

"6번 주유구에 4000ISK(약 4만 4000원) 주유하려구요."

- 주유 먼저 하고, 한 만큼 와서 돈 내면 됩니다.

"헉! 기름 넣고 그냥 도망가는 사람들 없나요?"

영화 〈토르〉의 주인공 처럼 생긴 직원, 입꼬리를 잔뜩 올려 미소 지으며 천천히 고개를 가로젓는다. 왠지 질문한 내가 부끄럽다. 신뢰 사회 북유럽이라더니, 슬슬 그 모습을 드러내는 건가.

1 서부 피오르 지역으로 들어서자마자 떡하니 나타난 그
림 같은 예배당. 자동차를 멈추지 않을 수 없었는데, 다
시 차에 올라 달리니 도로변에 이런 예배당들이 무심
히 계속 나타난다. 그야말로 동화 속 풍경의 연속

2 이쪽은 여름인데 협해 건너 땅은 한겨울이다. 아이슬
란드의 여름 로드 트립에서 만끽할 수 있는 묘한 풍경.
건너편 땅은 서부 피오르의 가장 북쪽에 위치한 혼스
트란디르(Hornstrandir) 지역으로, 자동차 진입도로가
없어 하이킹으로만 접근이 가능한 금단의 땅이다

3 아이슬란드 도로 주변에 가장 많이 보이는 동물은 단
연코 양. 특히 서부 피오르 지역은 워낙 인적 자체가
드문 곳이라 그런지, 양들이 유난히 온순한 게 카메라
를 들이대도 미동조차 없다

차도 사람도 만땅 포식 후, 1번 도로에서 68번 국도로 빠져 서북부 피오르 지역을 북쪽 가장자리부터 타고 들어가기 시작했다. 아직까진 완만한 경사에 포장도로. 하지만 우측으로 펼쳐지는 풍경이 일찌감치 예사롭지 않은 것 같더니, 잠시 후 누군가 장식처럼 던져놓은 듯한 빨간색 지붕 교회당이 등장! 바로 옆에서 우리를 쳐다보는 멀끔한 양 떼 가족까지. 이건 뭐 그냥 셔터를 들이대는 족족 바로 동화책이다.

잠시 후 드디어 비포장도로가 나타났다. 여기서는 '자갈도로(Gravel Road)'라고 불리기에 길에 자갈이 온통 자글자글한 도로를 상상했지만 그 정도까진 아니고, 그냥 우리나라 옛 시골 비포장도로 느낌이다. 이 정도라면 달릴 만하군. 좋아라 하며 시속 60킬로미터 정도를 유지하며 해안도로를 계속 달렸다. 눈앞에 가까이 펼쳐 지나가는 녹색 초원과 푸른 하늘과 바다 그리고 저 멀리 보이는 새하얀 눈산의 결합은 달려도 달려도 지겹지 않은 '시원한' 풍경 그 자체인데, 조금 지나서는 도로를 좌에서 우로 가로지르며 바다로 흘러내리는 크고 작은 이름 모를 폭포들까지 합세한다.

이전에 경험해보지 못한 환상적인 드라이브 코스. 한 가지 흠이라면 예상보다 훨씬 더 긴 운전 시간이랄까. 지도로 봤을 땐 그냥 구불구불한 피오르 지형을 몇 번 왔다 갔다 하는 정도인데, 그 한 '구불'이 자그마치 30킬로미터! 서울에서 수원까지 정도의 거리가 피오르 하나의 깊이다. 길은 생각보다 험하지 않은데, 질리는 건 사이즈다. 산도, 바다도 뭔가 전반적으로 엄청나게 다 큰 느낌.

1 포장도로 사이사이 나타나는 비포
  장도로 구간. 달리기에는 그다지 험
  하지 않은데, 오프로드 경계 표시
  바를 제외하고는 개발의 흔적이 보
  이지 않는다. 자연 그대로의 '청정
  도로' 너머로 펼쳐진 피오르 풍광이
  시원하기 그지없다

2 봉우리에서 출발해 해안도로 밑을
  관통하며 바다로 흘러내려가는 수
  많은 갈래의 자연 폭포들. 한여름에
  도 완전히 녹지 않는 산정 빙하 지
  역이 바로 그 마르지 않는 근원이다

3 저 멀리 겹쳐 보이는 봉우리들 가장
  자리를 해안도로가 굽이굽이 타고
  도는데, 자동차로 한 굽이를 돌아
  다음 굽이에 도달하는 데 걸리는 시
  간이 대략 한 시간 남짓!

아주 조그마한 마을에도 통일감 있는 예쁜 마을 표지판이 어김없이 세워져 있다.
자연 풍광을 전혀 거스르지 않는 세련되고도 심플한 디자인과 색감에 주목해보시길

길고 긴 피오르 한 구간 끝단의 급커브를 돌 때마다 눈앞에 드라마틱한 파노라마 장관이 펼
쳐진다. 세상의 끝에 도달한 느낌마저 드는데, 사진이나 동영상으로 도무지 그 현장감을 담
아낼 재간이 없다

1 이사피외르뒤르는 아이슬란드 서부 피오르 지역의 가장
큰 마을이지만 아담한 봉우리들로 둘러싸여 있어 포근하
고 평화로운 느낌이 드는, 인구 3000명이 채 안되는 아담
한 어촌이다. 이 마을에 위치한 티요르후시드 식당은 얼
핏 보면 일반 가정집과 같이 평범하게 생긴 데다가 제대
로 된 간판 하나 걸려 있지 않다. 찾는 데 꽤나 애를 먹었
는데, 후에 방문해본 아이슬란드 곳곳의 명소들도 비슷한
사정이었다. 하여간 이들의 미니멀리즘이란

2 썰렁한 외관과는 대조적으로, 문을 열고 들어선 내부에는
식사 중인 외국인 관광객들로 가득! 귀동냥으로 짐작해봐
도 대충 다섯 개 이상 언어의 대화 소리가 엿들린다

3 역시나 북유럽답게 무척 비싸긴 하지만, 새로운 요리가
끝없이 나온다. 허기지다고 첫 접시를 가득 담았던 게 큰
실수였을 정도

결국 하루 종일 달렸더니 차도 사람도 다시 허기가 졌다. 예약한 숙소에서 가까운 이사피외르뒤르(Ísafjörður)라는 항구 도시에 있는 식당을 검색해봤더니 꽤 평이 좋은 '티요르후시드(Tjoruhusid)'라는 해산물 레스토랑이 하나 나왔다. 가격 정보를 보니 주 메뉴가 인당 3만 원에서 5만 원 선. 그래, 3만 원짜리면 먹을 만하겠다며 전화로 예약한 후 시간에 맞춰 식당에 도착했다. 겉으로 보기엔 소박하고 조용해 보이는데, 안에 들어가니 관광객들로 득실거린다. 맛집 맞나보군!

"저희 예약하고 왔는데요."

– 이쪽으로 앉으세요.

"메뉴판 좀 보여주시겠어요."

– 아, 오늘은 뷔페예요. 메뉴가 따로 없어요.

"아, 그래요? 인당 가격이?"

– 5500 ISK(약 6만 원)예요. 음료는 별도구요.

윽, 당했다. 뭐, 그렇다고 이 시골 마을에 별다른 좋은 대안이 있어 보이지도 않는다. 그냥 뷔페인 김에 배 터지기 직전까지 먹어보기로 하고 자리를 잡은 후 요리들을 접시에 옮겼다. 가정식 느낌이 물씬 나는 샐러드와 감자, 쌀요리, 더운 야채, 크림수프, 빵이 푸짐하게 세팅되어 있었고, 오븐에서 갓 나온 듯한 메인 요리들은 큼직한 주물 프라이팬 위에 놓여 있었는데, '피쉬 뷔페'답게 다양한 생선요리들이 끊임없이 나왔다. 허브와 오일에 요리한 염장 대구, 달콤짭짤한 소스가 꼭 간장 맛의 느낌인 캣피쉬, 부드럽고 탱탱한 식감의 대구볼살까지…. 아, 배는 이미 한참 전에 불러왔는데 도저히 멈출 수가 없다! 음식이 턱 밑까지 차오르고 나서야, 결국 포크를 내려놓았다. 여전히 계속 나오는 요리 접시를 아쉬운 눈요기로만 때운 채 가까스로 식당을 탈출, 둘째 날 숙소로 향했다.

#아내가 무섭다 #셔터를 총 쏘듯 눌러댄다

두 번째 날 숙소를 잡은 플라테리 마을은 이사피외르뒤르에서 차로 20분 정도 떨어진 평화
로운 어촌이다. 마을을 수호신마냥 에워싸고 있는 눈 덮인 봉우리들 덕분에 주변 바다는 세
찬 북극 바람의 영향을 받지 않은 채 호수처럼 잔잔하다

둘째 날 쓴 돈
(원 환산 × 11)

아침으로 던킨도너츠	1,268 ISK
	(13,950원)
차량용 핸드폰 고정 홀더	2,490 ISK
	(27,390원)
(내비게이션용. 한국에서 들고 왔어야 했다. 나름 꼼꼼 하게 챙긴다고 챙겼지만 결국…)	
버너용 가스	2,500 ISK
(레이캬비크 캠핑장)	(27,500원)
해저터널 통행료	1,000 ISK
	(11,000원)
점심으로 휴게소 음식	3,595 ISK
	(39,550원)
휴게소 내 편의점	5,686 ISK
(텐트 내 전등, 졸음 방지 껌, 모기약)	(60,350원)
주유	4,149 ISK
	(45,640원)
티오르후시드 저녁 뷔페	13,400 ISK
	(147,400원)
(윽, 출혈이 상당! 당분간 식당 출입 금지 ㅠ ㅠ)	
B&B 숙소	10,000 ISK
	(110,000원)

1 레이캬비크에서 먹은 아침. 도넛 하나, 아메리카노 두 잔에 1만 4000원! 여기 북유럽 맞긴 맞네~

2 햄버거, 피쉬까스, 음료수 하나에 4만 원 정도. 나중에 보니 나름 휴게소 음식이라 싼 편이었다

플라테리 마을에 위치한 에어비앤비 숙소. 가격은 10만 원 넘는 정도로 만만치 않지만 방은 매우 깔끔하고 마을 분위기는 마냥 평화로우며 주변 풍경은 예술이다

Day 2 : Today's Driving Music

미소를 지어
손잡고 빙글빙글 돌아봐
세상은 불확실하지만
당신은 확고히 서 있지

흠뻑 젖어
물이 뚝뚝 떨어지도록
장화 따윈 필요 없지
우리 마음속 요동침은
껍질을 깨부수고 나오려 하지

바람이 불어
그 속에 묻어나는
당신 머릿결 향기
있는 힘껏 들이마시지

웅덩이로 뛰어들어
장화 따윈 필요 없지
완전히 흠뻑 젖어봐
장화 따윈 신지 마

– 시규어 로스의 〈뛰어들어〉 중에서

Brosandi

Hendumst í hringi

Höldumst í hendur

Allur heimurinn óskýr

nema þú stendur

Rennblautur

Allur rennvotur

Engin gúmmístígvél

Hlaupandi í okkur?

Vill springa út úr skel

Vindur í

og útilykt? af hárinu þínu

Ég lamdi eins fast og ég get

með nefinu mínu

Hoppa í poll

Í engum stígvélum

Allur rennvotur

Í engum stígvélum

- Sigur Rós, 〈Hoppípolla〉(2005)

아이슬란드 출신의 아방가르드 록밴드 시규어 로스의 대표곡. 몽환적인
사운드와 독특한 음색의 리드보컬로 1990년대 중반부터 주목을 받으며
유럽 중심으로 인기를 얻었다. 2006년 BBC 다큐멘터리 〈Planet Earth〉
에 삽입된 이 노래가 크게 히트하며 세계적 밴드로 발돋움 한다

Day 3

새처럼 자유롭게

서부 피오르 '플라테리'~ '라트라비야르그'~ '뱌카룬드르' 캠핑장

플라테리

🚗 7h 26min
446km

바카룬드르

라트라비야르그

길도 하나, 그 위를 달리는 차도 우리 하나
해마저 중천에 박혀 움직이지 않으니
시간과 공간이 모두 정지한 채 세상 끝으로
마냥 빨려 들어가는 느낌이다

호수처럼 잔잔한 바닷가, 눈 걸친 둥글둥글 봉우리들로 둘러싸인 플라테리(Flatery) 마을에서 맞는 아침. B&B 숙소에서 아침을 먹기 위해 공동 부엌으로 나왔는데, 옆방에서 나온 커플에게 인사를 안 하기가 어색할 정도로 딱 마주쳤다.

"어디서 왔어요?"

- 독일요. 어디서 오셨어요?

"한국이요. 아, 독일어였군요. 어디서 들어본 것 같다 했더니."

- 독일 말 알아요?

"아주 오래전에 한 번 갔던 적 있어요. 기억나는 단어가 구텐탁, 게쉥크트 정도."

- 오, 게쉥크트? 선물? 그렇게 인기 있는 단어는 아닌 것 같은데, 특이하네요. 여행은 어때요?

"이제 막 시작했어요. 80일 일정 잡고 북유럽 국가 다 돌아볼 작정으로 왔는데 오늘이 겨우 사흘째거든요."

- 80일이나?! 무슨 일을 하길래 그게 가능하죠?

"아, 일종의 프리랜서예요. 아내는 음식 관련 일을 하고 저는 음악 만드는 일을 하고 있죠. 이번 여행에서도 겸사겸사 이쪽 동네 친구들이랑 함께 식당 이야기도 해보고 같이 음악도 만들고 할 생각이죠."

- 오, 그래요? 재미있는데요? 음, 사실 제가 WDR(서부독일방송)이라는 독일 공영 라디오방송국에서 저널리스트로 일하고 있는데, 여행하며 만나는 사람들 이

남자친구와 함께 아이슬란드 여행 중인 독일 프리랜서 저널리스트 Ahorn Zeit. 거침없이 쾌활한 성격에 암벽등반, 산악바이킹, 바다수영 등 다양한 익스트림 스포츠 마니아다.
www.ahornzeit.de / @ahornzeit

야기를 취재하기도 하거든요. 혹시 인터뷰 좀 해주실 수 있을까요? 만드는 음악도 방송에 소개해드리구요.

"(우어. 이게 웬 재미난 소리냐) 와이낫! 그러시죠."

잠시 후 그녀는 어디에선가 녹음용 마이크를 들고 나타났고, 우리는 파자마 차림으로 20분 정도 인터뷰 녹음에 응한 후 서로 '페이스북 친구'가 되었다. 이번 여행길에서 처음 사귀게 된 친구에게 내가 만든 음악 CD를 선물해준 후, 짐을 꾸려 각자 갈 길로 떠났다.

#아이슬란드에서 독일 리포터를 만나다

오늘의 행선지는 어젯밤 숙소에서 정해졌다. 다음 날 어디로 갈지 정하려고 책자를 이리저리 뒤적이다 발견한 어느 새 사진. 뭔가 처량한 표정의 범상치 않은 눈매와, 마치 누가 페인트로 칠해 놓은 듯 선명한 오렌지색 부리와 다리를 가진 이 녀석의 이름은 퍼핀(Puffin)이었다.

"정말, 이렇게 생긴 새가 있을까?"
-글쎄, 뭔가 사진을 많이 만지지 않았을까? 이건 너무 비현실적이잖아.
"그래도, 관광책자인데 거짓말을 했을라구."
- 그런 사진일수록 손님 끌려고 '뽀샵' 엄청 할걸?

뭐, 이 정도 이견이면 깔끔하게 직접 가서 눈으로 확인해볼 수밖에 없다. 이 새를 볼 수 있다는 지점은 아이슬란드 최서단 절벽 지역, 라트라비야르그(Latrabjarg). 지도를 보니 비포장 구간이 꽤 긴 걸로 나오는데, 아니나 다를까 출발한 지 한 시간 정도 지나니 '자갈 도로' 간판이 나오는 게 이번엔 길이 아예 산으로 올라간다.

'코뿔바다오리'라는 거창한 한국 이름을 가진 퍼핀은 북극해 지역에 서식하는 오리과의 희귀종. 아무리 봐도 만화책에서 툭 튀어나온 듯한 독특한 모습과 선명한 색깔의 부리를 가진 이 새는 아이슬란드를 상징하는 마스코트 중 하나다

1 라트라비야르그 지역으로 향하는 비포장도로 구간 직전에 세워져 있는 서부 피오르 지도. 굵은 선 도로 외에는 대부분 비포장 자갈도로 구간이다. 회색 점선 표시는 산을 넘어가는 경로인데 도로 사정은 열악하지만 입이 떡 벌어지는 근사한 풍경을 만날 수 있다

2 자갈도로 구간 진입 표지판. 비포장 산악도로 임에도 불구하고 인적이 드문 지역인지라 제한속도가 시속 80킬로미터에 육박, 표지판 그림대로 지나쳐 가는 반대편 차량에 의해 자갈 공격을 받게 될 위험이 크다. 렌터카 대여 시 '자갈 보험'은 필수

3 서부 피오르의 서쪽 끝단으로 향하는 비포장도로 풍경은 지구 밖 어느 행성에 온 듯한 비현실적 느낌이다. 끝없이 펼쳐지는 여름에만 열리는 길. 그만큼 더 청명하고, 자연 그대로의 모습이 온통 싱그럽기 그지없다

산악도로 정상에서 바라본 피오르 풍경.
저 구불구불한 길을 한참 달려 올라왔건만. 내내 뒤따르는 차량 한 대 없는 이곳.
금단의 땅 웨스트 피오르, 그중에서도 가장 외진 오지 구간이다

1 마침내 도착한 서쪽 끝, 라트라비야르그. 절벽 끝에 사람들이 저마다의 카메라를 들고 몰려 서 있다. 오는 내내 차 한 대 보이지 않았는데, 어디서 이렇게 다 모여든 걸까?

2 해안선을 따라 형성된 장대한 절벽 구간은 자연이 선물해준 '조류 공동 주택'이다. 튀어나온 수많은 돌출 부위에 저마다 둥지를 튼 채, 북극해 앞바다를 화수분 식량 창고로 삼으며 자유롭고 평화롭게 살고 있다

3 난간 하나 없는 깎아지른 절벽. 사람들이 각자의 '담력' 크기만큼 가까이 다가서고 있다. 겁이 많은 우리는 다리가 후들거려서 절벽 바로 앞까지는 못 가고, 대신 멀찍이서 길다란 장대 끝의 고프로 카메라를 쭉 내밀어 촬영

구불구불 이어지는 비포장도로를 털털거리며 오르기 다시 한 시간. 고개를 넘기 전 사이드 미러로 뭔가 근사한 풍경이 보여 차를 세우고 돌아봤더니 풍경이 예사롭지 않다. 지나가는 차바퀴들이 긁어대는 흙먼지를 뒤집어써가며 몇 컷 찰칵!

정작 고개를 넘으니 예사롭지 않은 풍경은 이제 시작이다. 새파란 하늘과 청록색 바다를 배경으로 연이어 등장하는 피오르 지형들. 커다란 모퉁이 하나를 겨우 돌아 꺾으면, 다시 두 개가 더 나온다. 규모가 워낙 거대하니 거리 가늠도 어렵다. 게다가 도로 사정도 점점 험해져 냅다 밟기도 힘든 노릇. 길도 하나, 그 위를 달리는 차도 우리 하나뿐. 해도 중천에 박혀 움직이지 않으니 시간과 공간이 모두 정지한 채 세상 끝으로 마냥 빨려 들어가는 느낌이다.

마침내 더 이상 달릴 수 없는 절벽 지점에 도달. 공원 표지판이 보이고 차들이 꽤 많이 주차되어 있다. 아마 여긴가 보다, 그 새를 볼 수 있는 곳이. 차에서 내리자마자 뭔가 새 냄새(?)와 황산 냄새가 섞인 듯한 꽤나 강렬한 내음이 코끝을 찌른다. 아찔해진 후각에게 적응할 시간을 잠시 준 후, 용기를 내 절벽 쪽으로 다가가 보았다.

"이게 뭐야! 진짜로 있잖아! 게다가 한두 마리가 아닌데…."
- 세상에, 진짜 딱 그 색 그대로네…, 헐.

눈으로 봐도 사진으로 찍어도 똑같은, 정말 신기하게 생긴 이 친구들. 자신에게 눈을 떼지 못하는 관광객들이 익숙한지 카메라를 꽤 가까이 들이대도 미동도 없다. 한참 찍어낸 후, 고개를 들어보니 주변은 그야말로 온통 퍼핀들 천국이다. 인간이 범접하기 힘든, 깎아내린 수직 절벽에 제대로 보금자리를 틀고 북극해를 앞마당 삼아 유유자적 평화로운 삶을 누리는 모습들. 마음껏 자유롭게 날아다닐 수 있는 드넓은 대양과 앞마당으로 뛰어들기만 하면 생기는 먹을거리까지. 이들에게 무슨 걱정이 있을까.

아이슬란드 전체의 가장 서쪽 지점을 제대로 찍었다는 부질없는 뿌듯함으로 기꺼이 다시 두어 시간을 터덜터덜 빠져나왔다. 비포장도로가 끝나는 지점이 되니 기름 게이지가 간당간당하는데 여지없이 주유소가 또 떡하니 나타난다. 영리한 녀석들, 계속 이런 식이군. 게다가 이번엔 뭔가 세차 시설까지 세워져 있다. 자갈길을 수 시간 넘게 달린 차는 당연히 먼지 범벅이니 세차도 안 할 수가 없구나. 세차 요금 역시 엄청 비싸겠지? 한데 웬걸. 별다른 요금 지급대가 없다. 설마 하며 고무호스가 달린 수도꼭지를 열어보니 호스 끝에 연결된 기다란 막대기 솔 사이로 물이 그냥 콸콸 뿜어져 나온다. 설마 공짜?! 왠지 횡재한 기분으로 열심히 쓱싹쓱싹 세차에 나섰다. 수압이 워낙 강력해 별다른 세제 없이 물을 뿌리는 것만으로 차가 아주 깨끗해진다. 5분 만에 세차 끝! 차와 함께 상쾌해진 마음으로 다음 여정지로 향했다.

어느덧 저녁 시간. 드디어 피해갈 수 없는 순간이 왔다. 완전 생초짜 캠퍼 부부의 생애 첫 번째 캠핑! 지도에 캠핑장으로 표시되어 있는 곳으로 왔는데, 호텔이라 표시된 건물만 덜렁 하나 있다. 여기가 아닌가? 하고 두리번거리니, 주변 풀밭 저쪽에 세워져 있는 텐트 하나가 보인다. 맞긴 맞나 보네. 용기를 내어 호텔 로비로 들어갔더니, 카운터 직원이 안녕! 한다.

"캠핑하러 왔는데요, 하룻밤 텐트 치는 데 얼마죠?"

- 인당 1200 ISK(약 1만 3000원)예요. 두 명이면 2400 ISK.

"화장실이나 부엌은요? 사용료가 따로 있나요?"

- 바깥에 별도 건물로 있어요. 사용료는 캠핑 요금에 포함되어 있는데, 샤워는 300 ISK 추가예요. 여기 물 자체는 공짜지만 끓이는 데는 비용이 들어가거든요.

홋, 물어보지도 않았는데 일부러 이유까지 설명을. 추가로 돈 받는 게 미안하긴 했나 보다. 그렇군. 여긴 여기저기서 폭포가 마구 흘러내리는 동네니 물은 풍족한 게다. 그래서 아마 세차도 공짜였겠지? 자연이 베푸는 풍성한 혜택은 그냥 다 같이 누리자는 생각인 듯하다. 어쨌거나 샤워는 생략. 앞으로 캠핑할 날도 많은데 더러운 것 정도는 기꺼이 참아줘야겠지 하는 어쭙잖은 핑계를 머릿속에 떠올렸지만, 사실은 첫 캠핑이 긴장되어 마음의 여유가 없을 뿐이다. 어쨌든 아직까지 그렇게 못 참을 정도로 더럽지는 않으니.

아이슬란드의 6월은 아직 꽤 춥다. 밤에도 어두워지지는 않아 표시되는 온도는 10도 안팎이지만, 산꼭대기의 빙하를 스치며 불어내리는 산바람과 북극해에서 불어오는 바닷바람이나 매섭기는 매한가지. 체감 온도는 거의 영하에 가깝다. 한국서 가지고 올까 말까 망설였던 한겨울 파카를(안 가져왔으면 큰일 날 뻔했다) 꼭꼭 동여 입은 채, 남편은 낑낑거리며 집을 짓고 아내는 칼바람 속에서 가스버너로 요리에 착수. 80일간 긴 여행의 첫 캠핑이 시작되었다.

셋째 날 쓴 돈
(원 환산 × 11)

주유	6,395 ISK
	(76,840원)
편의점	1,000 ISK
(우유, 감자칩)	(11,000원)
커피 2잔	820 ISK
(hotel_flokalundur)	(9,020원)
뱌카룬드르 호텔 캠핑장	3,600 ISK
	(39,600원)

1 서부 피오르 플로카룬드르(Flókalundur) 지역의 무인 주유소. 이후 라트라비야르그까지의 왕복 200킬로미터 구간 동안 다른 주유소가 없다. 이 지점에서 반드시 연료 게이지 확인할 것!

2 주유소 내부의 세차 시설. 산정에서 녹아내리는 빙하수가 엄청난 수압으로 뿜어져 나와 차량에 묻어 있는 찌든 때까지 말끔히 씻어낸다. 옷이 심하게 젖을 수 있으니 발사 각도에 주의!

3 서부 피오르를 남쪽으로 빠져나오는 길목에 있는 '뱌카룬드르(Bjarkalundur)' 호텔 캠핑장. 로비에 들어가서 비용을 계산하고 호텔 주변 아무 데나 자리 잡아 텐트를 치면 된다

4 아이슬란드의 비포장도로에서 자주 볼 수 있는 싸인이다. 잠시 후, 언덕 위 지점에 도달하면 맞은편 차를 만날지도 모르니 최대한 오른쪽으로 붙어 운전하라'라는 아주 길고도 중요한 메시지를 담은 표지판이다

뚝딱 강 여사의 "오늘의 캠핑요리"

돼지 목살 구이

재료
돼지고기 목살

조리법
1. 먹기 좋은, 그리고 무엇보다도 빨리 익을 수 있는 사이즈로 자른다
2. 밑간은 후추, 소금, 허브 가루로 하고 다진 마늘에 고기를 재워 둔다
3. 팬을 달구고 기름을 두르고 밑간한 고기를 볶듯이 굽는다

주의 사항 하나!

직화구이가 아니기에 돼지 냄새가 날 수 있다. 프라이팬 없이 냄비로 해야 하기에, 잘못하면 찜처럼 될 수도 있고 잡내가 날아가지 않은 채 냄비 안에 머물 수도 있다. 그렇기 때문에 밑간은 필수! 버너가 하나일 때, 밥을 하는 동안 고기를 재워두고 고기를 굽는 동안 밥을 뜸 들이면 시간을 절약할 수 있다

주의 사항 둘!

일반적인 캠핑용 코펠들은 우리가 집에서 쓰는 프라이팬처럼 코팅되어 있지 않기 때문에 기름을 두르고 고기를 굽는 것이 중요하다. 집에서처럼 요리하다가는 바닥에 다 눌어붙는다. 호일을 깔고 굽는 것도 좋은 방법이다

새처럼 자유로운 것
그것은 아마 두 번째로 좋은 걸 거야
모든 것을 다 이루었어
집으로 향해 날개짓하는 새들처럼

한때 알고 있던 삶에 무슨 일이 일어나든
우리는 정말 서로 없이 살아갈 수가 있을까?
그토록 소중했던 관계들을 어디서 잃어버린 걸까?
그럴 때마다 정말 내 느낌은…

– 비틀즈의 〈새처럼 자유롭게〉 중에서

Free as a bird

It's the next best thing to be

Free as a bird

Home and dry

Like a homing bird I fly

As a bird on wings

Whatever happened to the life that we once knew

Can we really live without each other?

Where did we lose the touch that seemed to mean so much ?

It always made me feel so⋯

- Beatels, ⟨Free As a Bird⟩(1994)

아이슬란드 서쪽 끝에서 만난 새들을 바라보며 몇 번씩이나 머릿속
으로 되뇌었던 노래. 존 레논이 1977년에 데모로 만든 노래를, 그
가 죽은 지 15년 후에 남은 세 명의 비틀즈 멤버들이 '비틀즈 앤톨
로지' 앨범에 수록하며 비로소 세상에 널리 알려지게 된 곡

Day 4

막상 해보니 별일 맞네

스나이펠스네스 반도 '스티키스홀무르'

~ '스나이펠스네스 국립 공원' ~ '스뇨펠' 캠핑장

🚗 4h 15min
271km

스티키스홀무르

스나이펠스네스 국립 공원

스뇨펠

걱정은 여행 준비에 별 도움도 안 되고, 괜히 발목만 잡고,

떠나서도 온통 머릿속에 갇혀 눈앞에 있는 게 뭔지 잘 안 보이게 만들지

머나먼 아이슬란드 땅에서 생애 첫 캠핑을 나름 별 사고 없이 치르고 난 다음 날 아침. 다시 떠난 길 위에서 아내가 문득 입을 열었다.

"나, 이제야 드디어 여행 모드가 된 거 같아."
- 무슨 뜻?
"뭔가 마음이 가벼워지며 풍경들이 제대로 눈에 들어온다고나 할까?"
- 캠핑 걱정이 많았나 보군. 잠도 잘 자던데.
"그러게. 막상 해보니 별일도 아니네."
- 가장 중요한 여행 준비는 맘속의 걱정을 먼저 걷어내는 일일는지도. 걱정이란 놈은 준비에 별 도움도 안 되고, 괜히 못 떠나게 발목만 잡고, 떠나서도 온통 자기 머릿속에 갇혀 눈앞에 있는 게 뭔지 잘 안 보이게 만들지. 뭐 어쨌거나 이번 여행의 제일 큰 관문을 넘었으니 이제 걱정 없이 즐길 일만 남았네.
"그러게. 아이슬란드 캠핑장들. 모조리 섭렵해주겠어!"

…라고 말하는 찰나, 하늘이 순식간에 어두워지며 빗방울이 차창을 때리기 시작.

"엇! 잠깐, 비 오면 캠핑이 가능할까? 우리 텐트 방수 맞지?"
- 방수천이 있긴 한데, 많이 오면 새어 들어올지도 모른다 그랬어. 그것보다 비 오면 어젯밤보다 훨씬 더 추워지겠지?

다시 여행 전 모드로 돌아가는 아내의 표정.

스나이펠스네스(Snæfellsnes) 반도의 북부 초입에 위치한 스티키스홀무르(Stykishólmur) 마을 경계 표지판. 아이슬란드 배경 영화 〈월터의 상상은 현실이 된다〉 촬영지다

스티키스홀무르 마을 전경. 데이빗 보위의 노래 〈Space Oddity〉가 흘러나오는 가운데 영화의 주인공 월터 미티가 술 취한 운전사가 모는 헬리콥터에 뛰어오르며 미지의 세계로 떠나는 장면이, 저 멀리 보이는 크레인 부근에서 촬영되었다

1 스나이펠스네스 국립 공원 초입에 있는 올라프스비크(Ólafsvik) 마을 관광안내소 벽면에 붙어 있는 관광지도. 특이한 화산 지형들이 반도 끝단 도처에 널려 있어서 무작정 돌아보기보다 안내소에 먼저 들러 볼거리들의 위치를 물어 확인해보는 게 좋다

2 스나이펠스네스 반도의 북쪽에서 만날 수 있는 키르큐펠(Kirkjufell) 지역. 54번 순환도 로를 돌다 보면 길 좌측의 멋진 폭포와 우측 의 기이한 봉우리가 동시에 나타나는 기막 힌 대조적 풍경에 절로 차가 멈추게 된다

무심한 궂은 날씨 속에서 더욱더 무심하게 길가에 떡하니 등장한 기이한 봉우리 하나. 바로 그 맞은편에 누가 일부러 조경이라도 해놓은 듯한 근사한 폭포. 날씨 걱정은 잠시 접어둔 채 차를 세우고 풍경 속을 거닐다가 이 반도, 뭔가 심상치 않은 곳이라는 생각이 들기 시작했다. 이렇게 마냥 아무 정보도 없이 보이는 대로 멈춰 서다간 날 새겠다 싶어, 다음에 나오는 마을에서 관광안내소를 들렀더니 역시나 안내소 안에 떡하니 커다란 지도 하나가 붙어 있다. 상세한 사진 설명까지 붙어 있는 지도를 참고해 갈 곳을 정한 후, 빗속의 스나이펠스네스 반도 본격 탐험 시작!

곧바로 반도 끝에 위치한 국립 공원 지역으로 들어가 반도 가장 서북쪽 끝단에 위치한 오렌지색 등대까지 차를 몰고 들어가는데, 점점 들어갈수록 길은 험해지며 현무암과 녹지가 묘하게 뒤섞인 좀 으스스한 지형이 나오기 시작한다. 굴하지 않고 끝까지 들어가면 마지막 언덕 너머에 푸른 녹지가 극적으로 등장하는데 자동차로 갈 수 있는 곳은 거기까지이다.

인증샷 촬영 후 다시 돌아 나와 공원 곳곳을 자동차로 둘러보는데, 내부도로를 달리는 도중 여기저기 볼거리들이 별다른 안내판 없이 그냥 툭툭 나타난다. 활동이 멈춘 화산 분화구의 경우, 좌측으로 감아 오를 수 있도록 철계단을 설치해놨는데 입장료나 주차비 따위는 따로 없다. 멀리서 볼 때엔 얼마 안되어 보였는데 막상 계단을 올라가니 엄청 운동이 되며 땀을 뻘뻘 흘리기 시작. 마침내 올라선 정상 분화구에서는 갑자기 불어오는 돌풍이 꽤나 강해서 몸이 휘청거릴 정도다.

1 스나이펠스네스 국립 공원의 웰컴 표지판. 이후부터 펼쳐질 용암과 북극풍이 함께 빚은 묘한 풍경들의 서막을 알린다

2 크고 작은 화산들이 뿜어낸 용암들이 반도의 끝단까지 밀려나며 차가운 북극풍을 만나 기이한 형상으로 굳어져 있는데, 그 사이의 포장길을 달리는 기분이 꽤나 묘하다

3 오렌지색 등대가 보이면 바닷가에 도착했다는 뜻. 자동차도로가 끝나는 지점에 주차를 한 후 걸어 들어가면 현무암 도로 끝에 형성된 초원 지역 너머 용암 지역 끝단의 장관이 펼쳐진다

1 공원 지역 내 순환도로를 달리다 보면 우측에 떡하니 나타나는 색스홀(Saxhóll) 분화구. 분화구 주변 주차와 분화구로 오르는 트레일 등반 모두 무료다

2 색스홀 분화구의 분출은 약 3000년 전에 이루어졌는데 지금은 활동이 멈춘 사화산이라 분화구 등반을 통해 내부를 육안으로 볼 수 있다. 사실 사화산 봉우리 안쪽은 지반으로 메꾸어져 있어 특별한 볼거리가 있지는 않은데, 이 색스홀은 등반에 10분도 채 안 걸리는 귀여운(?) 분화구인지라 한 번쯤 화산 내부를 눈으로 확인해보고 싶은 이에게는 아주 효율적인 화산. 보통 다른 분화구의 경우 등반에만 한두 시간 걸린다

정신없이 이곳저곳 둘러보다 보니 어느새 저녁 시간이 되었는데, 날씨가 개기는커녕 비가 더 많이 쏟아진다. 일단 숙소를 어서 잡아야겠다는 생각에 공원 지역을 빠져 나와, 황급히 주변 캠핑장으로 차를 몰았다. 다행히 이번 캠핑장에는 오두막 시설도 함께 운영하고 있었다.

"오두막은 얼마예요?"
- 아, 캐빈은 몇 시간 전에 이미 다 나갔어요. 여기 식당 안 손님들이 다 그쪽 예약 손님들이죠….

이런, 몇 발 늦었다. 어쩌지? 주변에 호텔이나 다른 캠핑장도 전혀 없는 외딴 곳인데. 들어올 때 얼핏 보니 캠핑장에 텐트가 몇 개 쳐져 있는 걸로 봐서 이 빗속에서도 캠핑이 가능하긴 한가 보다. 그래, 용기를 내어…라기보다는 어쩔 수 없이 울며 겨자 먹는 심정으로 텐트 치는 비용을 지불한 후, 쏟아지는 빗속에서 텐트 사이트로 차를 몰고 들어갔다. 캠핑 둘째 날부터 우천 캠핑이라니. 방수는 제대로 될까. 밤에는 도대체 얼마나 추워질까. 아무튼 캠핑 왕초보 신고식, 지대로 하드코어다.

#캠핑 둘째 날부터 비라니…

1 스나이펠스네스 국립 공원 남쪽 외곽에 위치한 '스뇨펠(Snjofell)' 호텔 부속 캠핑장 입구. 스나이펠스네스 반도가 레이캬비크에서 비교적 가까운 지역이라 그런지 호텔과 캐빈은 이미 다 솔드아웃, 우천 캠핑을 감행할 수밖에 없었다. 여행 중 가장 저렴했던 1박 텐트 설치비(약 2만 원)가 그나마 위안거리

2 잠시 비가 잦아든 틈을 타 야외 테이블에 식단을 차려 한밤중(?) 저녁 식사를 무사히 마쳤다. 요리 과정은 힘들었지만 황홀한 주변 풍경을 반찬 삼아 열심히 요리한 음식을 먹으니 그 맛과 보람이 두 배!

3 사진은 평화로우나 이래 뵈도 밤 11시경인 데다 강풍에 비바람까지 몰아치는 날씨. 사진으로는 잘 표현이 안 되는 게 왠지 억울하다

1 늦어진 점심에 허기진 배를 안고 찾은 스티키스홀무르 마을 초입 레스토랑 '플라시드(Plasid)'. 나쁘지 않은 온라인 평점과 평범(?)해 보이는 외관을 믿고 용감히 문을 열고 들어섰다

2 소박한 외관과 달리 나름 깔끔하고 정돈된 '레스토랑' 느낌의 내부 인테리어와 테이블 세팅에 우리 부부는 살짝 긴장하기 시작

3 벽에 붙은 메뉴판을 보니 아니나 다를까, 가격대에 눈이 휘둥그레진다. 스프 샐러드 애피타이저 하나에 2만 원대, 메인 요리는 4~5만 원대! 이건 뭐 호텔 레스토랑 저리 가라 수준이다. 허나, 다른 곳을 다시 찾아 나서기에는 기력이 너무 소진된 상태

4 결국 스프 하나와 해산물 샐러드 하나를 시켰는데, 그 가격이 5만 원을 훌쩍 넘는다. 맛과 양은 역시나 훌륭. 푸짐했건만, 이제 아이슬란드에서 '레스토랑'은 웬만해선 들어가지 말아야지 하는 생각이 모락모락 들지만, 과연 가능할까?

넷째 날 쓴 돈 (원 환산 × 11)		
모닝 커피	700 ISK	
	(7,700원)	
점심	4,740 ISK	
(레스토랑 플라시드)	(52,140원)	
주유	4,000 ISK	
	(44,000원)	
쇼핑	2,681 ISK	
(고기)	(29,490원)	
스뇨펠 호텔 부속 캠핑장	2,000 ISK	
(텐트당 비용만 받음)	(22,000원)	

뚝딱 강 여사의 "오늘의 캠핑요리"
소시지 라면

재료
라면(한국에서 가져간 라면. 현지 슈퍼에도 다양한 라면이 있다), 소시지(핫도그용, 싸니까!), 치즈

조리법
소개하기 부끄러울 정도로 쉽다.
라면을 끓일 때, 소시지를 썰어 면과 함께 듬뿍 넣어주고, 여기에 치즈까지 듬뿍듬뿍 넣어주면 끝~!

관제소에서 톰 소령에게 전달
프로틴 알약 복용. 헬멧 착용
관제소에서 톰 소령에게 전달
카운트다운 돌입. 엔진 점화
신의 가호가 함께하길

– 데이빗 보위의 〈스페이스 오디티〉 중에서

Ground Control to Major Tom
Take your protein pills and put your helmet on
Ground Control to Major Tom
Commencing countdown, engines on
Check ignition and may God's love be with you

- David Bowie, 〈Space Oddity〉(1969)

영국이 낳은 걸출한 싱어송라이터 데이빗 보위의 1969년 출세작. 관제소와 우주비행사 톰 소령 간의 교신 내용을 담은 독특한 가사의 곡으로 영화 〈월터의 상상은 현실이 된다〉에서 미지의 세계로 떠나는 주인공의 인상적인 테마곡으로 사용되며 다시 한 번 조명을 받았다

Day 5

믿기지 않을 정도로 엉성한 나라

———

'스나이펠스외쿨' ~ '레이캬비크' 캠핑장

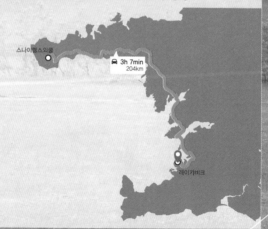

아이슬란드의 엉성함,
놀라움은 그치지 않았다

두 번째 캠핑날 아침. 주변을 더듬어보니 방수천이 미처 커버하지 못한 텐트 가장 자리 아래쪽으로 빗물이 꽤 들이쳐 있다. 역시 우천 캠핑은 무리인가. 몸에 감기 기운도 살짝 도는 듯한데, 잠시 후 옆에서 눈뜬 아내가 부르르 떨며 외친다. "아… 추워…. 커피 당겨, 커피!"

다행히 잠들기 전 요란하게 텐트 깃을 내리치던 빗소리는 더 이상 들리지 않는다. 텐트 밖으로 나오니 어제와는 달리 꽤나 포근해 보이는 캠핑장 풍경. 이제야 주변 풍경도 슬슬 눈에 들어오기 시작한다. 축축한 피크닉 테이블에 앉아 콘플레이크와 우유로 아침을 간단히 때운 후 텐트를 주섬주섬 정리해 차에 실은 다음 리셉션 건물로 향했다. 카페테리아에서 커피를 시킨 후, 노트북, 카메라 집기를 들고 앉아 한쪽 구석 테이블에 둥지를 틀었다. 이른 시간이라 그런지 카페 안은 한산한데, 유난히 쾌활해 보이는 종업원이 눈에 띈다. 여태까지 만난 무뚝뚝한 아이슬란드 사람들과는 생김새도 느낌도 완전 다른 이 친구, 좀 있다 보니 카페에서 나오는 음악에 맞춰 춤까지 춰대는 게 아닌가. 엄청 말을 걸어보고 싶어진다.

"혹시 지금 춤추고 있는 음악이 뭐죠? 멜로디가 귀에 쏙 들어오는데요?"
- 하하, 저도 잘 몰라요. 그냥 가게에 놓여 있는 CD를 튼 건데, 옛날 아이슬란드 가수 같아요. CD를 보여드릴까요?
"봐도 잘 모를 것 같긴 한데, 어디 CD 사진이나 한번 찍어볼까요?"

잠시 후 CD를 가져온 이 친구, 포즈까지 잡아준다. 여하간 엄청 쾌활하다.

"와우… 너무 고마워요. 굉장히 친절하시네요. 보통 여
기서 만난 다른 분들은 좀 무뚝뚝한 편이던데."

- 아, 저 스페인에서 왔어요. 거기 경기가 좀 많이 안
좋거든요. 여름에만 여기 와서 일하고 있는데, 해보니
깐 수입도 꽤 괜찮고 지내기도 나쁘지 않은 것 같아서,
앞으로 좀 더 길게 있어볼까 해요.

"와우! 스페인에서 왔군요. 근데, 외국인이 여기 와서 그냥 일하며 월급 받을 수 있나
요? 직업 찾기가 어렵지는 않구요?"

- 글쎄요, 전 쉽게 찾았어요. 제약 조건 같은 것도 딱히 없는 것 같던데요. 여기 주민
수는 워낙 적은데 여름철 관광객들이 많아서 임시직을 구하기가 별로 어렵지 않은
것 같아요. 이 근방에서 가장 큰 마을이 올라프스비크(Ólafsvík)라는 곳인데, 거기 주
민 수가 고작 300명이에요. 하하!

"오… 저도 한번 고려해봐야겠어요. 여름에만 와서 일하기. 괜찮은 것 같은데요?"

- 한번 해보세요. 계속 살기엔 좀 심심한 곳 같지만, 잠시 와서 일하긴 딱 좋은 듯.
벌이도 괜찮고 공기도 좋으니깐요! 풍경은 말할 필요도 없고. 이미 봐서 아시죠?

외국에서 와서 아르바이트로 일하는데 딱히 제약이 없다? 무지하게 엉성한 시스템
이구만. 갑자기 우리나라도 별반 다를 바 없지 않을까 하는 생각이 들었다. 어차피
다 불법일 텐데, 뭐 어쩼거나.

1 캠핑장 밖에 세워져 있는 세계 주요 도시의 방위 표지판. 뉴욕과 샌프란시스코 방향이 너무 다른 점이 수상해 만져봤더니 방향이 획획 돌아가는 게 역시나 엉성하다. 음, 각 도시까지의 거리는 제대로 조사한 걸까

2 스뇌펠 호텔 캠핑장의 로비 겸 커피하우스 모습. 고작 나무판자 하나로 지은 듯한 외관이지만, 안은 무척 아늑하고 따뜻하다. 벽면의 메뉴판을 보면, '천장물가' 아이슬란드지만 커피 값만큼은 우리나라 별다방과 비슷한 수준에다 무려 리필이 공짜다. 한국 커피 값이 얼마나 비싼지를 역설적으로 보여주는 대목

아이슬란드의 엉성함에 대한 놀람은 여기서 그치지 않았다. 오늘의 코스로 선택한 스나이펠스외쿨(Snæfellsjökull) 빙하산 투어. 온라인 예약 후 지도상에 표시된 사무실을 찾아가니 허름한 건물 내에 더부룩한 수염의 아저씨 한 명이 혼자 뭔가 주섬주섬 장비를 챙기고 있다.

"저, 여기 빙하산 투어 떠나는 곳 맞나요?"
- 네.
"오늘 아침에 예약했는데, 명단 확인 같은 건 어떻게?"
- …….

이 아저씨 우리를 잠시 물끄러미 쳐다보더니, 그냥 손으로 마당에 세워진 버스를 가리키며 올라타라는 손짓을 한다. 어리둥절한 채 버스에 오르니 다른 일행 10명 정도가 더 타고 있는데, 잠시 후 아까 그 아저씨가 올라와 대충 머릿수만 눈셈한 후 운전대를 잡고 곧바로 출발한다. 이게 뭐 농촌 트랙터 체험 같은 것도 아니고, 그래도 수십만 원대 가격의 웹 사이트까지 있는 국제적 '관광 상품'인데, 직원 한 명이 나와 명단 확인도 제대로 안 하고 운전까지 직접 하는 시스템이라. 이건 엉성함을 넘어서 정겨울 정도다.

#아이슬란드 빙하산

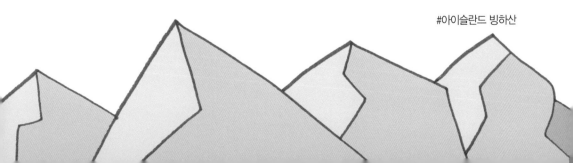

1 빙하산 투어 사무실 모습. 큰 길가에 있는 허름한 건물에 간판 하나 없이 벽면 안내문만 달랑 붙어 있어서 처음엔 그냥 지나쳤다가 겨우 다시 찾아 돌아왔다

2 버스를 타고 산 중턱의 눈 덮인 지역까지 약 20분 올라가서 트랙터로 옮겨 탄 뒤, 다시 20분 정도 산을 올라가 빙하산 정상 주변을 둘러보고 오는 프로그램이다

3 투어 일행이었던 젊은 커플은 스노보드 차림이다. 아이디어는 좋지만 인당 13만 원짜리 리프트 1회권이라니! 비싼 가격에도 불구하고 이 연인은 멋진 추억을 만들기 위해 그 돈을 쓰기로 작정했나 보다

4 사무실 접객, 버스 운전, 트랙터 운전, 현장 가이드까지 모두 이 아저씨 한 분이 하신다. 어마어마한 운영 효율성!

5 달리는 길 바로 옆으로 커다란 크레바스(빙하가 갈라져 생긴 틈새) 지형이 지나간다. 트랙터 하나 정도는 거뜬히 통째로 빠질 수 있는 정도의 크기라고. 이야기를 듣고 보니 왠지 으시시하다

6 트랙터에 올라 한동안 달리니 빙하산 정상 부근이 보이는데, 구름에 뒤덮여 있다. 그 속을 향해 막힘없이 돌진!

7 막상 정상에 도착하니 구름 때문에 주변 풍경이 보이지 않는다. 원래 이런 거냐고 물어보니, 어깨를 으쓱하며 십중팔구는 대부분 이런 날씨라고 무심히 말한다. 아, 정말 얄밉도록 당당하고 솔직한 이곳 사람들

8 빙하산 정상에 자리 잡고 있는 커다란 만년빙. 가까이 서 있는 것만으로 엄청난 냉기가 느껴진다. 수만 년에 걸친 얼음 형성 과정의 역사와 주변 지형에 대해서 조곤조곤 설명해주는 1인 4역의 가이드 아저씨. 자꾸 보다 보니 어느새 정까지 들 지경이다

9 큰맘 먹고 질러본 빙하산 투어. 비싼 가격 대비 왠지 빈약한 프로그램에 가성비가 많이 아쉬운 느낌이 들던 차, 내려오는 길에 만난 걷힌 구름 아래 풍경이 그나마 위안거리였다

투어가 끝난 후 다시 레이캬비크로 돌아오는 길. 중간에 미네랄 광천수가 나오는 지역이 있다고 해서 찾아가보니 휑한 벌판 한가운데에 낡은 수도 꼭지가 하나 설치되어 있다. 그 앞에는 깨알같이 성분 설명 간판 하나가 달랑 서 있다. 가이드 북에 나올 정도의 명소(?)치고는 너무나도 소박한 느낌인데, 바로 옆에 '2000원. 땡큐'라고 손으로 휘갈겨 쓴 채 세워져 있는 자율 수거함이 그야말로 화룡점정. 뭐지? 입장료인가? 물 값? 아니면 주차비? 실제 이걸 보고 돈을 내는 사람이 있을까? 궁금해서 박스를 뜯어보고 싶을 정도다

광천수 지역을 떠난 지 얼마 되지 않아 길 위에서 만난 풍경. 관광지도에 나오지도 않는 이름 모를 봉우리인데 급격한 화산 폭발의 흔적을 고스란히 담은 채 산의 윗부분 절반 정도가 통째로 움푹 패여 있다. 실제로 보면 훨씬 더 장관인 이런 기이한 지형들은 아이슬란드의 구석구석 도처에 그냥 널브러져 있어, 전반적으로 '엉성하고 무심한' 이 나라의 묘한 매력에 그 풍취를 더한다. 사람도, 풍경도, 덜 능숙하고 덜 개발되어 훨씬 더 정겹고 여유가 느껴진다고나 할까

1 3박 4일의 서부 피오르 오지 탐험을 마치고 다시 레이캬비크로 돌아왔다. 아, 이 문명의 냄새! 문명 도시답게 이곳 캠핑장은 도심에 위치해 있다

2 캠핑장 내 주차 공간은 약 30대 정도 세울 수 있는 규모로 그닥 넓지 않은데 주차비를 따로 받지 않아 경쟁이 치열하다. 캠핑카 주차 지역은 따로 있는데, 40~50대는 거뜬히 세울 수 있을 정도로 널찍하다

3 레이캬비크 캠핑장 로비 앞 정원. 그간 다녔던 서부 피오르의 오지(?) 캠핑장에 비하면 이곳은 궁궐이다!

4 로비 겸 라운지. 세계 여러 나라의 캠핑족들이 함께 테이블을 나눠 쓰는데, 누가 봐도 딱 작업 거는 게 티가 나는 그런 경우도 꽤 보인다. 휴대폰 충전을 위해 테이블 앞 기둥에 붙어 있는 전원 구멍을 차지하기 위한 경쟁이 치열한데, 이를 예상해서 가져간 멀티탭 덕분에 내가 앉는 테이블에는 더욱더 많은 사람들이 몰려들어 의도치 않게 인기남(?)이 되었다

5 간만에 부엌다운 부엌을 만난 아내, 신이 난 듯 흥얼거리며 저녁 만찬(?) 준비에 몰두하기 시작! 온갖 나라의 요리 냄새가 공동 부엌 공간을 가득 메운다

6 웬만한 조리 기구는 공동 부엌 한편에 놓인 찬장에 있고, 그냥 가져다 쓴 후 제자리에 돌려놓으면 된다. 대부분 캠핑족들이 가져왔다가 들고 다니기 무거워 두고 간 물건들이라고

7 마찬가지 이유로 남겨진 음식들과 각종 소스들도 찬장 위에 함께 공유되어 있다. 한 박스 안에 놓인 '신라면' 발견! 순간 확 당겼지만, 왠지 외국인들에게 양보하는 게 맞겠다 싶어 꾹 참고 그냥 뚜껑을 덮었다

8 대신 우리는 오늘의 메뉴에 충실하기로. 싼 맛에 잔뜩 사 온 양파를 정성스럽게 까기 시작!

9 어머, 전기레인지까지! 여기는 분명 틀림없이 궁궐인 게야

다섯째 날 쓴 돈
(원 환산 × 11)

모닝 커피	900 ISK
	(9,900원)
빙하 투어	23,690 ISK
	(260,590원)
주유	3,000 ISK
	(33,000원)
쇼핑	9,108 ISK
(음료, 과자, 캠핑 찬거리)	(100,190원)
해저터널 통행료	1,000 ISK
	(11,000원)
레이캬비크 캠핑장	4,200 ISK
	(46,200원)

1 아이슬란드라고 해서 쇼핑 항목들이 죄다 비싸기만 한 건 아니니다. 각종 소스 가격은 4000~5000원으로 한국과 비슷한 수준

2 공산품은 확실히 전반적으로 많이 비싸다. 대부분 주변 북유럽 국가에서 수입해 오기 때문. 1회용 플라스틱 접시 100개에 1만 5000원이라니!

3 양파 1킬로그램에 1000원 남짓. 한국보다 싸다! 오늘 저녁 요리에는 양파를 듬뿍 넣기로 결정!

뚝딱 강 여사의 "오늘의 캠핑요리"

소시지 김치볶음밥 그라탕

재료
소시지, 찬밥 남은 것, 김치, 양파, 치즈(몬터레이 잭 치즈)

조리법
1. 소시지, 김치, 양파를 먹기 좋은 사이즈로 썬다
2. 달구어진 팬에 기름을 두르고 먼저 양파와 김치를 볶다가 소시지를 넣고 볶는다. 남은 허브가 있으면 살짝 뿌려 같이 볶으면 좋다
3. 밥과 김치국물, 케첩을 넣고 섞으며 볶아준다
4. 맛을 보면서 소금, 후추로 간을 맞춘다
5. 밥알이 꼬들꼬들해지며 바닥과 벽에 달라붙어 누룽지가 생기기 시작하면 위에 치즈를 얹고 뚜껑을 덮어 1분 정도 둔다
6. 뚜껑을 열어 봐서 치즈가 녹았으면 완성!
7. 남은 소시지가 많다면… 구워서 맥주 안주로 먹는다

> **막간 캠핑 Tip!**
> 소시지에 칼집을 넣어주면 휘어지지도 껍질이 터지지도 않고, 빨리 익는다.

Day 5 : Today's Driving Music

오 신이시여, 우리는 뿌린 대로 거두는가
뿌린 대로 거두는가
그리고, 우리는 타락해가네
우리는 타락해가네

너는 열심히 도망다니지만
결국엔 파멸을 맞게 될 거야
그 마지막 순간에
그의 눈을 똑바로 쳐다볼 수 있을까

그들은 널 쫓을 거야, 어두워질 때까지
그들은 널 쫓을 거야, 넘어질 때까지
그들은 널 쫓을 거야, 파멸에 이를 때까지
그 타락의 길 끝에서 너는 기어다닐 힘조차 없게 되지

– 칼레오의 〈우리는 타락해가네〉 중에서

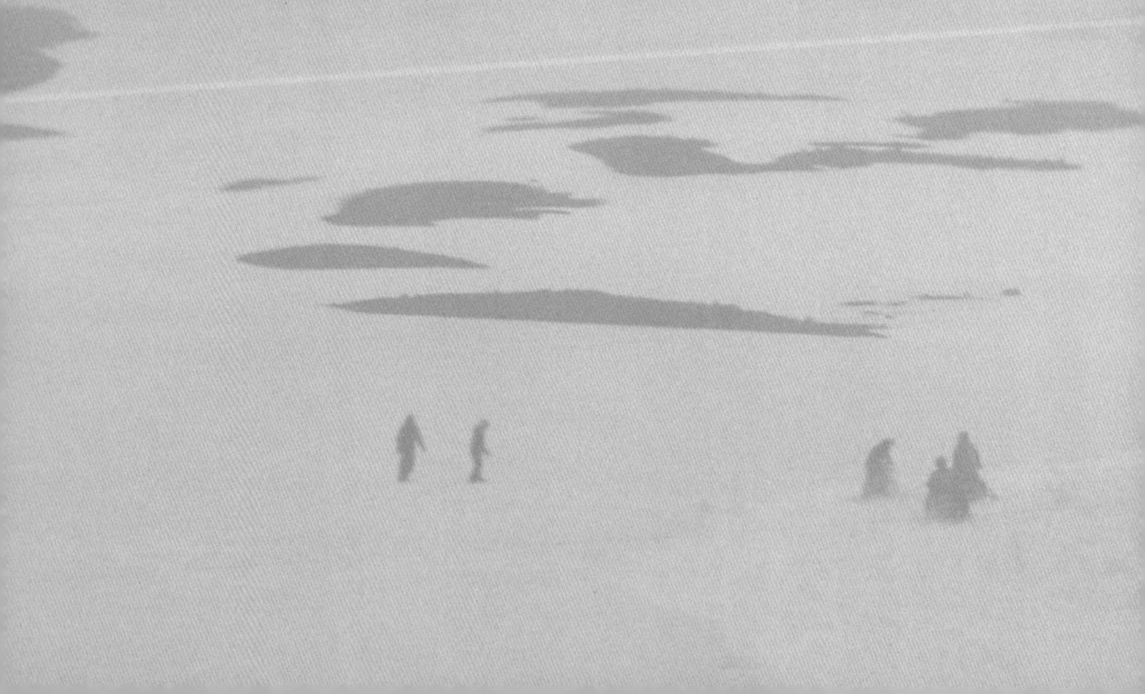

Father tell me, we get what we deserve
Oh we get what we deserve
And way down we go
Way down we go

You let your feet run wild
Time has come as we all oh, go down
Yeah but for the fall oh, my
Do you dare to look him right in the eyes?

'Cause they will run you down, down til the dark
Yes and they will run you down, down til you fall
And they will run you down, down til you go
Yeah so you can't crawl no more way down we go

- Kaleo, 〈Way down we go〉(2015)

아이슬란드의 신예 얼터너티브 록 밴드 칼레오의 대표곡. 침울한 세기말적 가사와 블루스 색채가 물씬 풍기는 걸쭉한 보컬로 주목받으며, 유럽과 미국의 인기 차트에 동시에 오른 이 곡은 영화 〈로건〉의 시그널 송으로 사용되며 그 정점을 찍었다

Day 6

요니나의 충고

'레이캬비크' 캠핑장 ~ 다운타운

🚶 48min
3.7km

LP 상점 '스매쾅레사'   LP 카페 '바이닐'   레야캬비크 캠핑장

할그림스 키르캬

"아이슬란드 자연은 한 발 물러서서 보면 예쁘지만,

너무 가까이 가면 위험해져"

레이캬비크 캠핑장에서 도심까지의 거리 풍경. 역시나 평일 오전에 30분
정도 걸어가는 내내 거리에 사람 그림자는커녕 돌아다니는 자동차조차 거
의 보이지 않는다. 어업 국가 섬나라의 자부심이 드러나는 거칠고 원색적인
거리 벽화와 세련되고 깔끔한 디자인의 가로등, 건물 간의 대조가 이채롭다

아이슬란드 서부 탐험을 무사히 마치고 다시 돌아온 레이캬비크. 도심 외곽 캠핑장에 이틀치 둥지를 틀어놓고 차를 주차장에 버린 채 걸어서 시내 관광에 나섰다. 며칠 연이은 장거리 운전으로 지친 차와 운전자에게 휴식을 주고자 함도 있었지만, 오늘은 너무나도 반가운 현지 친구와의 만남이 있는 날이기에 예의상 뚜벅이 여행자 코스프레를 갖추기로 했던 것.

미국 유학 시절에 만나 친구가 된 아이슬란드 여성 싱어송라이터 요니나(Jonina g. aradottir). 얼음같이 투명한 피부와 가녀린 얼굴선, 기나긴 금발머리에 푸른빛이 도는 회색 눈동자까지 영락없는 영화 속 엘프 외모와 이에 걸맞은 감미로운 보컬 톤을 가진 친구지만, 성격은 완전 정반대로 엉뚱하고 털털하기 그지없다. 할리우드 외곽의 한 아파트 수영장 모닥불가에 모여 앉은 친구들에게 근사한 기타 연주와 함께 '당신은 왜 항상 내가 필요로 할 때마다 그리도 멀리 있나요. I got to go, I got to go, I got to go'라는 내용의 창작곡 〈난 가야만 해(I got to go)〉를 멋들어지게 연주하고 박수를 받은 후, 그녀가 남긴 자신의 노래 이야기를 지금도 잊을 수 없다.

"방금 부른 이 노래, 사실은 화장실에 대한 노래야. 얼마 전 LA 다운타운에서 차가 엄청 막혔는데 마침 그때 소변이 엄청 마려웠거든. 그때 머릿속으로 이 노래를 쓰면서 겨우 참았더랬지."

마침내 만난 요니나! 지구 반대편에서 자기 나라를 찾아온 친구를 두 팔 벌려 반긴다. 낯선 여행지에서 토박이 친구를 만나는 것만큼 반가운 일도 세상에 그리 많지 않은 듯하다. 이 친구의 반가움도 못지않은 듯, 그녀의 차에 오르니 관광 가이드 모드로 돌변하며 도시 구석구석에 대한 설명을 유창한 영어로 신나게 늘어놓기 시작한다. 도시가 너무 작아 하루면 충분히 다 돌아볼 수 있을 거다, 저쪽 거리에는 오래된 LP 판을 파는 가게가 많아 시간을 좀 들여 볼 필요가 있다, 이쪽 동네는 지금은 낮이라 썰렁하지만 밤이 되면 멋진 펍들이 불을 밝히기 시작하는데 요즘 같은 백야 기간에는 불빛이 잘 보이진 않을 거라는 등…. 잠시 후 중심부에 위치한 커다란 교회 근처 주차장에 도착해 차를 세웠다.

- 너 이 교회 이름 알아?
"응, 책에서 봤어. 좀 어렵던데. 할그림… 스키르캬?"
- 아니아니, 할그림스~키르캬! '할그림스'는 사람 이름이고, '키르캬'가 교회야.
"아항, 할그림스~ 키르캬! 키르캬!"
- 그렇지, 바로 그거야. 키르캬! 잘하는데!

요니나의 30초 아이슬란드어 레슨과 함께 교회 안팎을 둘러본 후, 우리는 교회 입구 맞은편에 위치한 레스토랑 로키로 향했다. '로키'는 북유럽 신화에 나오는 악하고 장난기 넘치는 신인데, 영화 〈토르〉와 〈어벤져스〉 속 악당 캐릭터로 더욱 친숙한 이름. 그래서일까? 식당에는 북유럽 신화 스토리를 담은 커다란 벽화가 있다.

1 레이캬비크의 랜드마크인 할그림스 키르캬(Hallgrimskirkja). 도심 한가운데 언덕 위에 세워져 있는데 교회 주변 도로가 방사형으로 연결되어 있어 도심 주변을 정처 없이 걷다 보면 자기도 모르게 자꾸 교회 앞에 와 있게 된다

2 할그림스 키르캬는 아이슬란드의 국교인 루터교 교회로 높이 75미터의 아이슬란드 최고층 건물. 완공하는 데만 40년이 걸렸다고 하는데, 예배당에 들어서 위를 올려다보면 그 이유를 짐작할 수 있다. 별다른 이음새 하나 없이 천장 끝까지 매끈하고 날렵하게 이어진 돔 내부의 위용! 정교하고 꼼꼼한 건축 공법의 결정체다

3 뒤를 돌아보면 엄청난 크기의 파이프 오르간 구조물에 두 번 놀라게 된다. 총 무게 25톤이 넘는 쇠 파이프의 갯수가 무려 5000여 개! 이렇게 만들면 도대체 얼마나 거룩한 소리가 나는 걸까?

4 궁금해하던 차에 때마침 연주자가 오르간에 앉더니 수많은 버튼과 페달들을 손과 발로 눌러가며 연주를 시작한다. 곁에 앉은 소년의 장난기마저 잠잠케 만드는 거룩한 오르간 하모니가 홀 안을 가득 채우고, 장내 많은 관광객들은 잠시 착석해 운 좋게 만난 신성한 순간을 만끽한다

1 할그림스 키르캬 바로 앞에 위치한 로키 레스토랑의 전경. 카페라고 쓰여 있는 곳들은 실제로는 레스토랑을 겸하고 있는 경우가 많다

2 1층은 카페 분위기인데 식사를 하겠다고 하면 2층으로 안내해준다. 레스토랑 분위기의 2층 문을 열고 들어서면 우측 벽면 전체에 페인팅되어 있는 북유럽 신화 스토리를 담은 듯한 벽화가 눈에 확 들어온다

3 노른자 땅에 위치한 노란 건물 레스토랑답게 음식 가격대가 역시나 장난이 아니다. 점심 메뉴임에도 불구하고 웬만한 식사거리는 대부분 2만 원에서 3만 원 정도. 그래도 반가운 친구를 대접하는 자리니 푸짐하게 주문!

4 지도 구석구석을 짚어주며 열정적으로 설명해주는 요나나

5 착한 엘프 요나나, 영수증 뒷면에 지도까지 그려가며 깨알 같은 글씨로 관광정보를 알려준다. 우정의 징표와도 같은 이 영수증은 평생 간직하기로 결심!

"아이슬란드 자연은 한 발 물러서서 보면 예쁘지만, 너무 가까이 가면 위험해져. 되도록 정해진 길 위에 머무르는 게 좋지."

며칠간 달린 서부 피오르의 아름다움을 칭찬하니, 요니나가 정색하며 이곳 토박이다운 의미심장한 한마디를 던진다. 절대 오프로드 운전하지 말라고, 위험하기도 하지만 벌금이 이만저만 아니라며, 잘못했다간 돈 다 날리고 이 동네에 남아 한동안 식당에서 접시 닦아야 할지도 모른다며 배시시 웃는다. 아유, 이 장난꾸러기 녀석~

점심을 거하게 대접했더니, 이 친구, 답례차 마침 일주일 뒤 저녁에 자기 언니 결혼식이 열리는데 오지 않겠냐 그런다. 공짜 술, 음식에 현지 문화 체험까지, 게다가 결혼 파티장 뒷마당에서 공짜 캠핑도 가능하다고! 이쯤 되면 여행자로서 사양할 도리가 없다. 식이 열리는 장소를 물어보니 아이슬란드 남부 지역의 한 시골 마을. 원래는 남부를 먼저 거쳐 섬을 한 바퀴 돌아볼 생각이었지만, 반대 방향으로 경로 변경! 역시 숙소 예약 같은 걸 미리 안 해놓길 잘했다.

"아이슬란드 한 바퀴 돌고 난 다음, 결혼식장으로 꼭 찾아갈게!"

아이슬란드 구석구석 꼭 찾아가봐야 할 곳, 보다 저렴하고 친절한 관광 여행사 이름까지 세세하게 전달받은 후 요니나와 일주일 후를 기약하며 작별. 그녀의 말대로 하루면 충분히 돌아볼 수 있는 레이캬비크 도시를 구석구석 살펴본 후, 저녁 늦게 캠핑장으로 다시 돌아갔다.

요니나가 알려준 레이캬비크 시내에서 살짝 바닷가 쪽에 위치한 LP 카페 '바이닐
(VÍNYL, LP의 영어 명칭)'. 문 앞에 실제로 오래된 중고 LP를 내다 팔고 있고(4000원
정도로 옛날 LP 가격 그대로다!) 문을 열고 들어서면 실제 턴테이블에서 흘러나오는 풍
성한 주파수 음역대의 LP 음악과 구수한 커피 향이 아늑한 공간을 그윽히 메우고 있다.
여행 후에 우리 부부가 함께 열게 된 펍 분위기에 많은 영감을 준 곳 중 하나

1 LP 상점 '스메클레사(Smekkleysa)'. 간판에 적힌 '고약한 취향의 레코드 가게'라는 설명이 거친 연두색 페인팅 외관만큼이나 강렬하다. 정말, 이들의 '고약한' 유머 감각이란!

2 유리 진열장에 붙어 있는 한 공연 포스터. '주중에 자주 하는 공연', '아주 쬐그만 콘서트 홀' 등의 '고약한' 유머 감각의 문구들이 역시나 돋보였는데 자세히 보니 입장료가 무려 3만 원대다! 놀라서 검색해 보니 지역에서는 꽤나 인기 있는 뮤지션이었는데, 그럼에도 불구하고 아주 힘을 뺀 소박한 느낌의 포스터에 괜스레 또 한 번 감탄

3 새로 나온 LP들이 진열되어 있는데, 가격이 4~5만 원대이다. 요즘 들어 '레어 아이템'으로서의 LP 가치가 재조명되고는 있다지만 이래서야 누가 살까 싶은데… 그래서 그런지 옆에 진열된 티셔츠 코너쪽에 손님이 더 많다

4 가게 한쪽 벽면에 액자로 걸려 있는 아이슬란드 국민 가수, 비요크의 한정판 CD. 그녀의 이름은 아이슬란드 구석구석 가게 이름, 술 이름 등에서 계속 등장하는데 범국민적으로 얼마나 많은 사랑을 받는 아티스트인지 알게 해주는 대목이다

요니나(Jonina G. Aradottir)

'Hof'라는 아이슬란드의 조그
만 마을에서 나고 자란 장난기
많은 소녀가 할 수 있는 놀이란
그다지 많지 않았다. 어려서부
터 악기와 노래랑 친하게 된 것
은 당연지사. 그런 그녀에게 있어 음악은 평생을 함께
한 친구이자, 숨 쉬는 것만큼 자연스러운 일이다.
미국 MI 학교를 졸업 후 캘리포니아 로드 트립 투어
공연을 한바탕 멋지게 다닌 후, 다시 고향으로 돌아와
두 번째 레코딩을 준비 중이다.

– 요니나, 네 꿈은 뭐야?
"내 음악으로 여행하며 사람을 만나는 거"
– 요니나, 그럼 네 음악의 영감은 뭐야?
"사람. 가족과 친구들, 그리고
내 음악을 좋아해주는 세상의 모든 사람들.'
joninamusic.com

#음악은 만국 공통 언어!

여섯째 날 쓴 돈
(원 환산 × 11)

캠핑장 내 세탁 비용	1,500 ISK
	(16,500원)
쇼핑	2,990 ISK
	(32,890원)

(차량용 옥스 케이블. 렌터카에서 휴대폰으로 음악을 들을 수 있는 유일한 방법)

점심	7,120 ISK
(카페 로키)	(78,320원)
쇼핑	8,500 ISK
	(93,500원)

(아이스웨어 털 상의. 생각보다 너무 추워서 가져간 의상만으로는 부족하다. 아이슬란드의 여름, 특히 밤 시간대는 체감 온도가 실제 표시 기온보다 훨씬 낮다. 다시 한 번 강조하지만 한겨울 파카 필수)

주류 쇼핑	7,900 ISK
	(86,900원)

(슈납스, 보드카 등. 술 한잔 하지 않고서는 텐트에서 쉽사리 잠들기 어려움)

버스 요금	1,000 ISK
	(11,000원)

(하루 종일 걸었더니 급피곤. 캠핑장으로 돌아갈 때 이용)

레이캬비크 캠핑장	4,200 ISK
	(46,200원)

1 점심으로 먹은 로키 식당의 'Icelandic plate No.1' (이 정도가 약 3만 원이다) 훈제 송어와 으깬 양 등이 야채와 함께 나오는데, 요나나가 나이프로 가리키고 있는 부분이 이곳 사람들의 주식 호밀빵(rye bread)이다. 우리의 '밥'과 같은 위상으로 거의 모든 요리에 함께 곁들여 나온다

2 강추위에다 옆 텐트의 국적 불명의 떠드는 소리까지. 아이슬란드 여름 캠핑은 이 녀석들 없이 잠들기가 쉽지 않다. 북유럽 하면 보드카와 슈납스(Snaps)인데, 특히 이곳 전통주인 슈납스는 풍부한 목초 향이 종류별로 다양한 데다 도수가 높아 한잔 딱 꺾고 기분 좋게 잠들기 참 좋은 술이다

3 캠핑장 내 세탁기 돌리는 비용이 만만치 않으니 견딜 수만 있다면 며칠치를 몰아 한꺼번에 돌리기를 권한다. 기다리는 동안 지루하지 않게끔 테이블 축구게임까지 설치되어 있는 센스가 돋보이는데, 성수기의 세탁실, 샤워실은 대기인들로 항상 붐빈다. 유일하게 한가할 때는 이른 오전. 해가 지지 않아 그런지 캠핑족들 대부분 새벽까지 놀다가 잠이 들고 아침에는 사이트 전체가 쥐 죽은 듯 고요하다

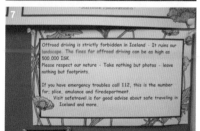

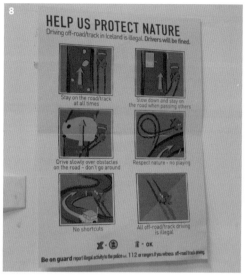

4 아이슬란드의 주류 판매 가게 'Vínbúdin'. 모든 주류는 이곳에서만 구매 가능한데 단, 도수 3퍼센트 이하의 라이트 맥주(술로 치지 않는다)는 예외다. 대부분 가게가 저녁 6시 전에 문을 닫으니, 애주가들은 영업 시간을 반드시 확인하자

5 레이캬비크 시내는 교통 체증이 없어서인지 버스가 정시에 딱 맞춰 도착한다. 버스 안은 깨끗하고 조용하며, 한국처럼 버스 안에서 내릴 정류장 정보 문자와 안내 방송이 나와 이용에 별로 불편함이 없다. 단, 요금이 400크로나(4500원 정도)로 꽤 비싸고, 안전상의 이유로 운전사가 잔돈을 거슬러 주지 않는다(이걸 모른 채 용감히 버스에 올라탔다가, 버스로 10분 정도 이동하는 데에 무려 '1000크로나'라는 거금을 쓰고 말았다)

6 이틀 연속 레이캬비크 캠핑장을 이용. 스티커에 날짜를 써주며 텐트에 부착하는 걸로 캠핑장 사용료 지불 증명 끝인데, 워낙 넓은 데다가 딱히 검사 과정도 따로 없어 보이는 또 하나의 '허술한' 자율 시스템이다.

7 잘못해서 길을 벗어나 운전하다 걸리면 최대 벌금 6000여만 원 아이슬란드는 자연 보존에 대해 이토록 엄격하다. '사진 외에는 가져가지 말고, 발자국 이외엔 남기지 말라(Take nothing but photos, leave nothing but footprints)'는 문구가 인상적이다

8 캠핑장 로비 한쪽에 붙어 있는, 요나나가 강조한 '오프로드 운전 금지' 상황에 대한 깨알 같은 그림 설명. 한마디로 어떠한 상황에서도 이유 불문하고 길 이외의 곳으로는 잠시라도 운전해 들어가지 말라는 이야기다

논리도 없고 평범하지도 않지
고통으로부터 벗어날 수 있는 여행길은 없어
나는 어깨, 나는 키스
위로를 얻기 좋고 비난에도 쿨하지

엄마는 나의 구세주야
나는 그녀의 평생 골칫거리.
그녀가 날 축복하고 있는 걸로 믿을래
이 비참한 삶에서 날 구원해줄 거라고
- 무기손의 〈머 머〉 중에서

There ain't no logic, were aint no plain
no roads you can travel free from pain
I'm only shoulder, I'm only a kiss
good for comfort and cool for the diss

The lord is my mom, she's my save
I'm her troubled boy unto the grave
I pretend she's blessing, blessing me
how she'll save me from this misery

- Mugison, 〈Murr Murr〉(2004)

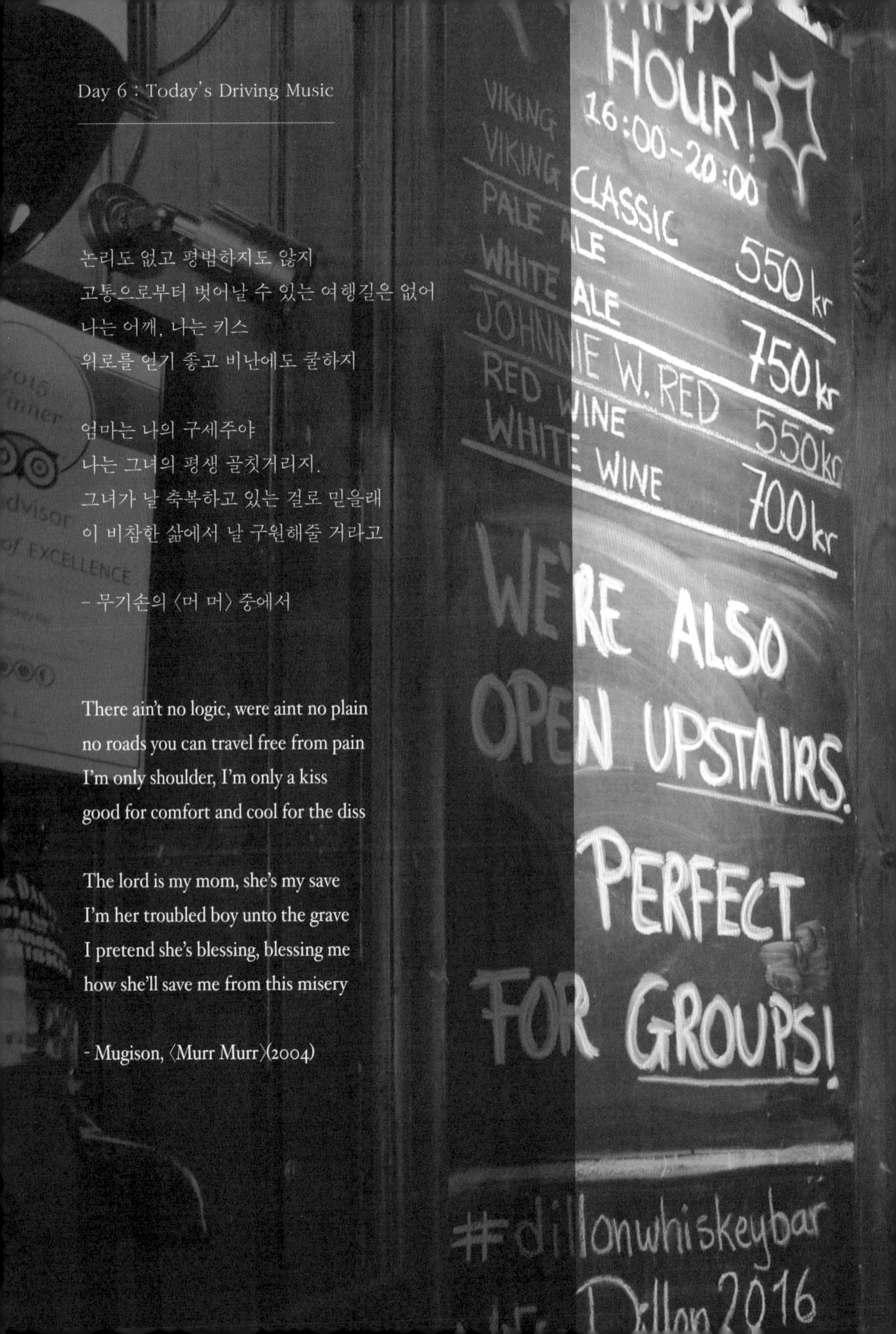

무기손은 2003년에 데뷔, 지금까지 총 8장의 앨범을 발표하며 북유럽 음악축제 및 로드투어 활동을 활발히 벌이고 있는 아이슬란드의 베테랑 포크 뮤지션이다. 난해하고도 염세적인 가사와 독특한 기타 핑거링 주법, 그로울링 창법 등의 개성 넘치는 스타일로 북유럽 지역에 꽤 두터운 팬을 보유하고 있는 싱어송라이터

Day 7

골든 서클에서 만난 한국말 하는 소녀

'레이캬비크' 캠핑장 ~ '싱벨리어' 국립 공원

~ '게이시르' 간헐천

싱벨리어

게이시르

레이캬비크

🚗 1h 37min
106km

아, 이를 어쩐다

시간을 보니 벌써 늦은 오후다

내린 비 때문에 와일드 캠핑을 해야 할지도 모른다

1 레이캬비크 캠핑장은 사이트 한복판에 로비가 있다. 가급적 이면 이 중앙 로비에서 먼 자리에 텐트를 치는 게 좋다. 혈기 왕성하고 발성 우렁찬 젊은 캠핑족들이, 사진 속의 로비 마당 에서 그야말로 정말 밤새 술 마시며 떠들어댄다

2 우리가 머문 이틀 동안 캠핑장 바로 옆 넓은 광장에서 'Secret Solstice'라는 뮤직 페스티벌이 열리고 있었다. 아이슬란드 의 양대 뮤직 페스티벌 중 하나이다. (다른 하나는 'Iceland AirWaves'라는 페스티벌인데 해가 뜨지 않는, 끔찍스럽게 추 운 겨울에 열리는 데다 로컬 뮤지션들이 주로 나오기 때문 에 외지인에게는 만만치 않은 하드코어다) 우리가 머물 무 렵 'Secret Solstice'의 헤드라이너는 자그마치 그 유명한 〈Creep〉을 부른 라디오헤드! 하지만 이 밴드 하나를 보기 위 해 20여만 원의 티켓 값을 지불할 정도로 팬은 아니었기에 패스하고 대신 덴마크의 더 큰 음악 축제를 예매했다

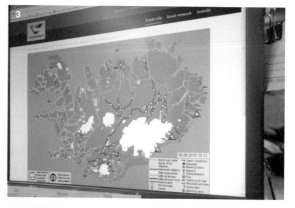

3 아이슬란드의 내륙 지방('인랜드' 혹은 고원 지역이라 '하이 랜드'로도 불린다)의 비포장도로는 한여름에도 날씨에 따라 진입 불가인 경우가 많다. 'www.road.is' 사이트에 접속하 면 아이슬란드 전역의 실시간 도로 운영 상태와 관련 날씨, 교통 법규 정보를 얻을 수 있다. 특히 인랜드로 향하는 경우 사전 정보 확인 필수!

4 아이슬란드 1번 순환도로(소위 '링로드'라 불린다. 전 구간이 포장도로여서 겨울에도 웬만한 날씨라면 운전이 가능하다)에 서 골든 서클 지역으로 향하는 36번 도로로 꺾어지는 교차로. 아이슬란드 '하이랜드' 여행의 시작점이다

연속 우천 캠핑 3일째 아침, 드디어 비가 멎으며 하늘이 갠다. 밤새 텐트 깃을 펄럭이는 바람 소리, 방수천을 내리치는 빗소리에다 때마침 육중한 베이스로 쿵쿵대며 새벽 2시까지 캠핑장 주변에서 이어지는 뮤직 페스티벌 음악 소리까지…. 겨우 잠들었나 싶었는데, 다시 뭔가 웅성웅성하는 소리에 부르르 몸을 털고 일어나 텐트 밖으로 나가보니 밤새 술에 취해 떠들던 캠핑족들이 아침까지도 그러고 있다. 야 정말, 너희들은 잠도 없냐….

어쨌든 날도 풀렸겠다, 텐트를 접어 다시 차에 싣고 캠핑장에서 '아점'을 해 먹은 다음, 밀린 여행기를 좀 쓴 후 길을 떠났다. 비록 잠은 설쳤지만 간만에 구름 사이로 새파란 하늘이 보이는 것만으로도 충분히 기분은 산뜻. 서부 지역에 이어 이제 아이슬란드 북쪽 지역으로 향하는데, 오늘 잡아놓은 일정이 500킬로미터 가까이 되는 롱 드라이브에다 험한 하이랜드 비포장도로 운전 구간까지 포함되어 있어 만만치 않다.

초반부는 다소 만만한, 소위 '꽃청춘 코스'라는 골든 서클 구간이다. '서클'이라고 하지만 지도를 보니 세 군데의 주요 볼거리가 도로상에 그냥 쭉 나란히 이어져 있다. 게다가 마지막 코스인 굴포스(Gullfoss)까지 거리는 레이캬비크로부터 100킬로미터 안팎. 얼마 가지도 않는 동안 〈꽃청춘〉에선 그 난리를 쳤던 게구나. 하긴, 그땐 겨울이니 낮도 짧고 날씨도 엄청 춥긴 했겠다. 그러게 왜 군이 추울 때 와서 그 고생을…. 이런 쓸데없는 생각을 하다 어느새 골든 서클 첫 코스, 싱벨리어(Þingvellir) 국립 공원으로 접어들었다.

1 싱벨리어 국립 공원의 도착을 알리는 표지
판. 세계 최초의 의회가 열린 곳, 유라시아
대륙의 판이 만나는 곳이라는 다소 거창한
수식어를 달고 있는 골든 서클의 첫 번째
관문이다

2 정치학적 지리학적으로 꽤나 근사한 지역
이긴 하지만 막상 도착해보면 그냥 그런가
보다 하는 정도다. 애써 주차비까지 내며
이곳을 찾은 여러 나라 관광객도 비슷한
듯. 마치 '음, 이곳에서 뭘 봐야 하는거지?'
하는 듯한 표정이다

3 어쨌거나 갈라진 대륙의 틈바구니 산책
로를 걷는 여행자들의 표정은 밝고 활기
차다. 하긴 뭐 제주도 올레길도 뭐 대단한
게 있다고 그리도 많은 사람들이 그 길을
찾았을까. 스페인 산티아고 순례길도 어

찌 보면 마찬가지다. 어디로 가서 무엇을
보는가 하는 것보다 훨씬 더 중요한 건,
결국 내면의 여행인 것을

4 산책길의 끝에 만나게 되는, 두 대륙판 사
이로 흘러나오는 강줄기 하구의 모습. 어
떤 TV 프로그램에 보니 저 강줄기 상류에
서 스쿠버다이빙을 하며 '두 대륙 사이에
서 잠수를 하다니 가슴이 벅찬데요!'라는
방송용 멘트를 날리기도 하던데, 우리 같
은 일반 관광객들에게는 이래저래 무리스
러운 설정

5 공원 주차장에 설치된 유료 화장실. 전방
이 통유리로 되어 용변을 볼 때 이래저래
'시원'한 느낌일 듯하긴 한데, 비싼 이용료
때문인지 사진 찍는 내내 시설을 이용하는
사람은 한 명도 보이지 않았다

유라시아와 북아메리카 대륙판이 만나며, 매년 2센티미터 정도씩 벌어진다는 이곳. 막상 와보니, 그런 거창한 설명을 눈으로 직접 실감하기엔 다소 무리가 있다. 그냥 벌어져 있는 지형들 사이로 난 길을 걸으며 양쪽 끝 바위들이 각각 다른 대륙판인가 보다 하는 정도. 〈꽃청춘〉에 나온 두 개의 대륙판 사이로 멋지게 흐르는 강물 모습은 드론 또는 별도의 하이킹 루트를 통해서나 볼 수 있는 듯하다. 〈꽃청춘〉에서 '쓰리 스톤즈'가 아무 생각 없이 이곳을 모르고 지나친 걸로 나오지만, 실상은 아마 직접 찍어서는 그럴듯한 장면을 건지기 힘든 곳이라 그렇게 설정한 게 아니었을까 하는 잡생각이 또다시.

공원을 나오는 길. 화장실이 보여서 들러보았는데, 헐… 유료다. 출입구에 지하철처럼 설치된 회전 바 위에 적힌 가격은 무려 2000원! 한국에선 훨씬 더 싼 값에 지하철도 타고 화장실까지 이용할 수 있는데…. 에잇, 참고 말지. 사진만 찍고 그냥 퇴장. 싱벨리어를 떠나 소변을 꾹 참으며 50분 정도 다시 운전해 들어가니, 골든 서클의 두 번째 명소인 간헐천, 게이시르(Geysir)가 나온다. 주차장 주변에 마침 보이는 호텔 화장실에 들러 급한 용변을 해결한 다음, 무리들을 따라 한동안 걸으니 잠시 후 뭔가 온통 부글부글 끓어대는 것 주변에 모여 있는 사람들이 보인다. 아, 저기가 바로 빵빵 터지는 거긴가 보다. 다가가서 카메라를 들이대고 기다리니 몇 분 채 되지 않아 생기는 거대한 기포, 이어 터지며 솟아오르는 온천수! 하지만 그렇게 호들갑을 떨 정도의 장관까지는 아니다. 물론 신기한 현상이긴 하지만, 물기둥도 그다지 높지 않고, 주변 관광객들도 살짝 재밌어하는 정도. 〈꽃청춘〉에서의 '쓰리 스톤즈'의 놀라는 연기가 방송을 포장하는 데 크게 한 몫 했구나. 그러게, 괜히 연기자가 아닐 테니.

1 게이시르 지역에 있는 여러 간헐천 중 가장 인기 있는 스트로쿠르(Strokkur)라는 녀석. 도착해서 찾는 것은 전혀 어렵지 않다. 주변에 사람들이 가장 모여 있는 지점이 바로 그곳

2 잠시만 기다리면 거대한 기포가 순간적으로 불룩하며 수면 위로 올라온 후, 이내 거대한 물보라를 일으키며 터져 나온다. 촬영 타이밍을 맞추기가 쉽지 않지만 걱정 마시라. 10분도 채 되지 않아 또 다음 거품이 터진다

3 수온과 수심에 따라 투영되는 온천의 색이 다르다. 유명한 '블루라군(Blue Lagoon)' 을 비롯한 대부분 온천수 색깔은 짙은 하늘색

4 깊이를 가늠할 수 없는 지하 동굴과 연결되어 있는 간헐천. 수온이 섭씨 100도 정도 된다니 탐사가 어려울 텐데 그래서 그런지 더욱 더 신비스럽고 매혹적이다

보다 뒤쪽에 있는 다른 간헐천들도 둘러봤는데, 이쪽이 더 신기했다. 나란히 붙어 있는 두 개 간헐천 중 한쪽은 약품을 타놓은 듯 진한 하늘색이고, 다른 하나는 완전 투명한데 안쪽 깊숙한 곳까지 들여다보이는 수중 동굴이 매우 인상적이다. 도대체 저 안에 무슨 일이 일어나고 있길래 이런 현상들이 규칙적으로 생기는 걸까. 왠지 들어가보고 싶게 만드는 유혹적인 자태지만, 그랬다간 몇 분 안에 삼계탕 신세가 되겠지. '아마 처음 발견한 사람들 중 몇몇은 진짜 시도해보지 않았을까'라는 부질없는 생각에 빠져들 때쯤, 어느새 드리워진 먹구름이 굵은 빗줄기를 쏟아붓기 시작한다.

아, 이를 어쩐다. 시간을 보니 벌써 늦은 오후다. 오전에 글을 쓰느라 지체한 시간이 이렇게나 밀려버렸구나. 서두르면 인랜드를 간신히 통과할 수 있을 것 같긴 한데, 행여나 내린 비로 지체되면 중간에 와일드 캠핑을 해야 할지도 모른다. 게다가 비가 오면 주변 풍경이 제대로 보이지도 않고 영상, 사진의 그림도 제대로 나오지 않아 자동차 여행의 의미도 반감된다. 일단 생각이 여기까지 흐르자, 이미 시선은 지도에서 주변 숙소를 찾고 있다. 여기 어디에도 캠핑장이 있었던 거 같은데. 그때 아내가 차 옆자리에서 말을 꺼낸다.

"저기, 오늘은 호텔서 하루 자면 안 될까? 3일 동안 비 오는데 추운 텐트 안에서 잤더니 감기 기운도 도는 것 같은데…."

긴장하며 다니느라 잘 못 느꼈는데, 아내 말을 듣고 보니 나도 몸살 기운이 느껴지는 듯하다. 여행은 이제 막 시작인데, 돈 아끼다 아프면 큰 낭패. 그래, 오늘은 지르자.

1 간헐천 지대 바로 건너편에 위치한 '리틀리 게이시르(Litli Geysir)' 호텔. 비싼 숙박료 때문인지 성수기임에도 불구하고 빈 방은 넉넉했고, '빈 방 있음'이라는 표시판이 아예 나사로 고정되어 있다. 당일 방문으로 방을 잡으니 정가보다 10~15퍼센트 정도 싼 가격에 묵을 수 있었는데 비슷한 행운이 나머지 여행 내내 이어졌다

2 20만 원이 넘는 숙박비를 내야 하는 호텔이라고 보기에는 너무나도 허름하고 평범한 외관이지만 북유럽의 미니멀리즘을 이해하는 첫 번째 관문은 바로 이것이다. '외형으로 내용을 판단하지 말자.'

3 문을 열고 들어서는 순간 '아' 하는 탄성이 절로 터진다. 최소화된 벽이나 천장 인테리어(사실 인테리어라고 할 것도 없이 외부에서 보이는 자재 그대로의 구조물이다)에다 결코 무거워 보이지 않는 실용적인 의자, 따뜻한 느낌의 원목 테이블에다 구석구석 쟁여놓여진 땔감들까지. 어느 것 하나 과해 보이지 않게 적당히 아늑하고 편안한 공간 연출에 그저 감탄

호텔 로비로 들어가 가격을 알아보니 가장 싼 방이 하룻밤 25만 원 정도로 역시나 후덜덜이다. 하지만 허름해 보이는 외관과는 사뭇 다르게 전형적 북유럽 스타일의 내부 인테리어, 사우나 시설 등 딱 필요한 만큼만의 고급스러움을 갖춘 근사한 호텔이다. 말로만 듣던 미니멀리즘이란 게 바로 이런 거구나.

"한국에서 왔네요? 안.녕.하.세.요!"

앳된 얼굴의 여성 리셉셔니스트가 손님 정보 기입란에 적은 국적을 보더니 한국말로 갑자기 인사를 한다. 세상에, 이 낯선 나라 호텔 로비에서 한국말을 하는 소녀를 만나다니. 둘 다 '오오~' 하고 외치며 눈이 휘둥그레지자, 소녀는 한국 드라마 팬이라며 좋아하는 드라마와 남자배우 사진을 검색한 인터넷 화면을 우리에게 막 들이댄다. 우리도 놀랐지만, 이 정도 팬이라면 이 친구도 우리가 꽤나 반가웠겠다. 틈틈이 '안녕하세요'를 연습하면서 손님 중 한국 사람이 나타나길 얼마나 기다렸을까.

낯선 외국인 소녀의 한 마디에 왠지 몸과 마음이 동시에 풀어진다. 비싸서 손님이 별로 없는 걸까, 거의 독채처럼 누린 호텔 사우나 시설의 온탕 속에 4일간의 연속 캠핑으로 쌓였던 피로감이 한순간에 사르르 녹는 듯하다. 더불어 온통 밀려오는 행복감. 그래, 오늘은 복잡한 여행 고민 잠시 잊고 편히 푹 쉬자. 마음을 한껏 비우고 호텔 방으로 돌아오니 이번 여행에서 볼 일 없다 생각했던 오로라까지 만나게 된다.

#파란 눈 소녀
#안.녕.하.세.요!

1 호텔 로비 창가에서 바라본 '미드나잇 선셋' 풍경. 6월 하지 무렵의 아이슬란드의 일몰 시간은 자정부터 새벽 3시까지인데 해가 진 이후에도 완전히 어두워지지는 않고 계속 이 정도의 느낌이다

2 호텔 방 역시 호화로운 내부 장식 하나 없이 심플하고 깔끔한 인테리어. 온통 새하얀 벽지에 살짝 포인트를 주며 걸려 있는 오로라 사진이 여름 여행자의 아쉬움을 달래준다. 역시나 저 녀석 보러 꼭 한 번 다시 오긴 해야겠다는 생각과 함께 스르르 꿈나라로

일곱째 날 쓴 돈	
(원 환산 × 11)	
싱벨리어 주차장	500 ISK
	(5,500원)
주유	4,000 ISK
	(44,000원)
편의점	601 ISK
(호박 프링글스)	(6,610원)
게이시르 호텔	22,300 ISK
(으흑, 열흘치 식비가 한 방에 ㅠㅠ)	(245,300원)

1 열흘치 식비를 한 방에 날려버린 비싼 호텔 값의 마지막 위안 거리인 아침 뷔페. 갓 구운 팬케익에 레드빈 스프까지 따뜻하고 다양한 메뉴에 대만족!

2 기나긴 황무지 하이랜드 구간에 식당이나 요리 가능한 테이블이 있을 리가 만무하다. 점심을 걸러도 든든하게끔 한 접시 가득 담았다. 아침 식사 시간에도 다소 한산한 로비 분위기. 역시 성수기에도 호텔 투숙객들이 그리 많지는 않은 듯

3 호텔 아침 식사의 백미, 청어조림! 호밀빵에 삶은 계란과 함께 얹어서 먹으면 맛이 절묘한 게 끝없이 들어간다. 덕분에 점심 거르기 작전, 대성공!

일주일에 두 번이나 점프하다니
스스로 꽤 대단하다고 생각하지? 그치?
하늘을 나는 모토싸이클에서
너는 곧 떨어지게 될 땅 아래를 내려다보네

인정받기 위해 목숨 거는 너
죽을 때까지 멈출 줄 모르는 너
사이드미러를 또 하나 깨뜨렸지
너는 점점 더 이상하게 변해가고 있어

제발 날 무기력하게 내버려두지 마
제발 날 무기력하게 내버려두지 마

– 라디오헤드의 〈하이 앤 드라이〉 중에서

Two jumps in a week

I bet you think that's pretty clever, don't you boy?

Flying on your motorcycle

Watching all the ground beneath you drop

Kill yourself for recognition

Kill yourself to never ever stop

You broke another mirror

You're turning into something you are not

Don't leave me high

Don't leave me dry

Don't leave me high

Don't leave me dry

- Radiohead, 〈High and Dry〉(1996)

라디오헤드의 공연을 지척에 두고도 보지 못한 아쉬움에 떠난 차 안에서 〈Creep〉과 이 노래를 몇 번이나 들었다. 〈High and Dry〉는 이들의 2집 앨범 히트곡으로 '무기력하다, 약에 취하다'라는 원제의 의미와는 별개로, 아이슬란드 하이랜드의 황무지 풍경을 중의적으로 표현해주는 듯해 인랜드 드라이빙 뮤직으로 더할 나위 없다

Day 8

믿는 만큼 다 함께 쉬워지는 삶

'게이시르' 간헐천 ~ '굴포스' ~ 인랜드 구간

~ '호프소스' ~ '아쿠레이리'

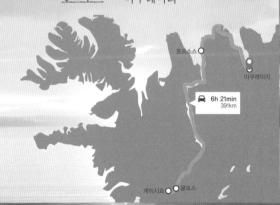

수면에 닿을 듯 낮게 드리워진 먹구름,

그들을 떠받치며 저 멀리 우뚝 서 있는 새하얀 눈산,

보다 멀리 수평선 위 강렬한 북극광 석양

대자연이 연출하는 장관 앞에서 우리는 한참을 아무 말 없었다

이번 여행의 처음이자 마지막일지도 모르는 호텔 조식 뷔페. 마치 최후의 만찬인 듯 잔뜩 배를 채운 후, 길을 떠났다. 운전대에 오른 지 10분도 채 되지 않아, 도로 저편에서 들려오는 폭포 소리 너머로 흩어지는 물보라 모습이 보인다.

여기가 바로 굴포스구나!

주차장에 차를 세우고 우선 진입로 옆에 세워져 있는 표지판을 한참 살펴보았다. 애써 아이슬란드어, 독일어, 프랑스어, 영어 등 각지의 언어로 '금빛 폭포'라는 뜻에 대한 유래를 깨알같이 써놓았다. 혹자는 강물에 반사되는 노을 모습에서 또는 이 폭포에 자주 연출되는 무지개 모습에서 따왔다고도 하고, 심지어 누군가 자기 금덩어리들을 남에게 뺏기기 싫어 이 폭포에 던져 넣었다는 그럴듯한 전설까지 적혀 있다. 아무렴 어떠랴, 백문이 불여일견. 공부는 그만 접고 폭포로 향했다.

폭포로 내려가는 오솔길을 걸어 들어가려는데 맞바람이 장난이 아니다. 옮기는 걸음걸이가 꽤나 부대낄 정도. 게다가 바람에 실려 오는 물보라의 양이 엄청나 눈을 제대로 뜨기도 힘들다. 약간 외면하는 듯한 자세를 취하며 물보라 지점을 간신히 지나 폭포를 다시 쳐다보니, 쏟아지는 어마어마한 물의 양과 하늘 높이 퍼지며 흩어지는 물보라의 모습에 입이 절로 벌어지며 '와~' 소리가 절로 터져 나온다. 생각해보니 〈꽃청춘〉에서 '쓰리 스톤즈'가 이곳을 방문했을 때의 표정은 그저 멍했던 거 같다. 아마도 그건 연기가 아니었을 듯. 진정 놀라운 풍경을 만나면, 호들갑을 떨기보다는 거대하고 숭고한 자연의 경외감 앞에 그저 숙연해질 뿐이다.

1 산책로에 들어서는 순간, 엄청난 양의 물보라와 맞바람. 폭포 소리에 한동안은 뭔가를 찍기가 불가능. 넘어지거나 미끄러지지 않도록 매무새를 잔뜩 여민 채 걸어 내려가는 데에 집중해야 한다. 한여름에도 이 정도인데 겨울은 얼마나 하드코어일까

2 보다 높은 지점의 조망대에서 바라본 굴포스 전경. 운이 좋으면 여기서 폭포에 걸린 무지개도 찍을 수 있다고 하던데, 보일 듯 말 듯 했지만 결국 포착에는 실패!

3 굴포스 겨울 풍경 사진과 폭포에 얽힌 또 하나의 스토리가 함께 소개된 상부 조망대 안내판. 1900년대 초반 굴포스에 수력발전소를 설치하고자 했던 자본세력과 맞서 싸워 이겨낸 아이슬란드인들의 환경보전 노력에 대한 에피소드가 적혀 있다

굴포스를 마지막으로 골든 서클을 빠져나오며 계속 북상했다. 이제부터 본격적인 비포장 하이랜드 구간으로 접어든다. 오랫동안 달려보길 꿈꿔왔지만, 막상 그 순간에 도달하니 이런저런 걱정들이 살짝 밀려온다.

잠시 숨 고르기와 함께 전방의 황량한 풍경을 잠깐 쳐다본 후, 저 멀리 눈산 쪽으로 무심하게 치닫는 도로를 달리기 시작. 얼마 지나지 않아 길이 비포장 구간으로 바뀌는데, 역시나 서부 해안도로에서 만났던 자갈도로들과는 차원이 다르다. 길 위의 자갈들도 훨씬 굵고 양도 많은 데다 가로지르는 개울 때문에 길이 끊어진 구간도 간간이 나온다. 사륜구동이 아니면 인랜드 주행이 어려운 이유가 납득이 가는 대목이다.

계속해서 거침없이 달려들어가니 풍경은 더욱더 거칠고 황량해진다. 왜 그토록 많은 영화감독들이 외계 행성 장면을 찍기 위해 이 섬을 찾는지, 그 이유를 조금은 알겠다. 생명의 흔적이라고는 전혀 감지되지 않는 자갈밭 평원 너머로 까마득히 서 있는 눈산의 모습은 넉넉히 초현실적이다. 간간이 저 멀리 보이는, 반대편에서 달려오는 자동차가 날리는 흙먼지 꼬리만이 이곳이 지구라는 걸 새삼 깨닫게 해주는 유일한 오브제.

두 시간 정도를 쉬지 않고 달리니 마침내 황무지 구간이 끝나고 녹지와 호수들이 점차 보이기 시작하는 게 마침내 아이슬란드의 북쪽 연안에 가까워지는 듯하다. 어제 봤던 간헐천의 신비로운 하늘빛을 통째로 품은 넓은 호수가 등장, 때마침 걷힌 구름 사이의 하늘과 그 푸르름을 경쟁한다.

1 본격적인 인랜드 구간으로 접어드는 길목. 굴포스를 찾은 대부분 차량들은 남쪽으로 다시 돌아가고, 북쪽으로 향하는 차는 우리 차 달랑 한 대. 길 끝에 놓여 있는 눈산의 모습에 꽤나 긴장이 된다. 어유, 저길 넘어가야 하다니. 게다가 비포장인데 괜찮을까?

2 잠시 후 나타나는 비포장 도로 구간. 인적은커녕 동물조차 보이지 않는 험준한 산악 지형 속으로 꼬불꼬불 흙탕길이 끝없이 이어진다

3 길 위로 불어대는 돌풍에 흩날리는 자갈들이 차체를 마구 때려댄다. 어휴, 자갈보험 들어놓길 천만다행

4 중간중간 도로를 가로질러 흘러내리는 개울들을 그냥 운전해 건너야 한다. 아, 이래서 사륜구동이 꼭 필요한 거구나. 어제 비오는 날씨에 왔더라면 물이 훨씬 더 불어 있었겠지? 과연 건널 수 있었을까?

5 기나긴 황야 사막 구간 끝에 나타난 하늘색 호수. 그 위로 때마침 낮게 드리운 먹구름을 비집고 나온 같은 빛깔의 하늘이 나란히 모습을 드러낸다

6 북부 연안에 가까울수록 날씨도 온화해지고, 도로 상태도 좋아진다. 다시 만난 햇살 속에서 아이슬란드의 자연은 화사함을 드러내고, 인랜드 구간 내내 긴장했던 여행자의 마음도 이에 따라 본연의 여유로움을 되찾아간다

1 인랜드를 관통하는 35번 국도를 무사히 지나 북아이슬란드에 도착. 북극권에 가까운 지역이지만 6월 하순, 이곳은 길가에 꽃이 피고 녹지는 더없이 푸르른, 따스한 봄 날씨다

2 언덕 위를 굴러다니는 거대한 마시멜로!? 알고 보니 가축 사료로 쓰이는 볏짚이 바람에 날리거나 얼지 않도록 천으로 싸서 묶어놓은 모습이다. 북유럽 전원 지역을 자동차로 돌아다니다 보면 곧잘 마주치는 재미난 풍경

스카가(Skaga) 피오르를 왼쪽으로 끼고 달리는 76번 해안도로 풍경.
교통량이 거의 없는 한산한 외곽도로인지라, 초현실적인 바닷가 풍경을 즐기며 잘 닦인 도로
위를 마음껏 질주할 수 있다

해안가 풍경을 찍기 위해 잠시 들른 호프소스 마을. 주민 200명 정도의 자그마한 어촌 마을.
경관이 너무나도 깔끔한 데다, 어이없을 정도로 동화스러운 저 푸른 하늘 아래 파란 지붕 교
회는 또 어쩔 것인가

이윽고 하이랜드 지역을 완연히 벗어나며 북부 해안 피오르 구간으로 접어들었다. 북쪽이라 더욱 춥겠지 했는데, 웬걸 화창하게 갠 날씨 속에 기온도 훨씬 따뜻하고, 녹지도 더욱 푸르르다. 내친 김에 피오르 해안선을 따라 계속 달리기 시작. 좌측 바다 쪽으로 뭔가 멋진 풍경들이 자꾸 눈에 들어오는데 갓길이 없어서 차를 세우고 제대로 사진을 찍을 수가 없다. 할 수 없이 처음 나오는 간판이 안내하는 바닷가 마을 쪽으로 운전대를 꺾어 진입. 호프소스(Hofsós)라는 관광지도에도 나오지 않는 조그만 곳인데, 역시나 여기도 여지없이 그냥 동화 속에서 툭 튀어나온 마을이다.

도로에서 보았던 아름다운 풍경을 보다 더 가까이 찍고자 해안가로 다가가다, 어라? 오른쪽에 수영장이 하나 눈에 확 들어온다. 그림 같은 바닷가 풍경이 딸린 아이슬란드 야외 수영장이라. 어마무지 비싸겠구먼. 입구 쪽으로 돌아 들어가보니 내부 인테리어도 꽤나 고급스럽다. 뭐, 못 먹는 감 찔러나 본다고 가격이나 한번 물어보자.

"여기 한 번 이용료가 얼마죠?"
- 700 ISK 입니다.

뭐? 내 귀가 의심스러워 되물어봐도 가격은 여전히 그대로다. 서울에서도 웬만한 고급 수영장은 몇만 원인데 아이슬란드 물가에, 이렇게 훌륭한 야외 수영장이 고작 8000원? 화장실은 2000원인데? 정말 종잡기 어려운 아이슬란드 물가다. 하지만 지금 뭐 그게 대수인가? 분석은 나중 일, 일단 만사 제치고 입수하기로 결정! 혹시나 하며 들고 왔던 수영복을 꺼내 들고 탈의실로 들어갔는데, 어라, 옷을 넣는 로커가

따로 없고 그냥 옷걸이에 옷가지가 그냥 여기저기 걸려 있다. 하긴 여긴 관광지가 아
닌 마을 수영장이라 외부인 출입도 많지도 않을 테니 이웃 간 이 정도 신뢰는 기본
인가 보구나. 서로 믿고 살 수 있다는 것이 삶을 얼마나 쉽고 편안하게 만드는지!

1 마을을 찾은 원래 목적을 달성하고자 카메라를 들고 해안가로 걸어가
니 고요한 피오르 바닷가 풍경이 천국처럼 펼쳐지는데

2 풍경보다 더욱 눈길을 끄는 풀장을 우연히 발견! 고급스러운 외관과
화창한 여름 날씨인데도 불구하고 이용객이 별로 없는 한산한 모습에
어디 근방 호텔에 딸린 럭셔리 수영장일 것이라 지레짐작

3 이리도 저렴한 이용료의 서민용 '럭셔리' 풀장이 겨울에는 따뜻한 온
천수로 채워져 운영되기까지 한다고. 게다가 주변을 둘러싸고 있는 저
절경을 보라. 이 마을은 진정 지상낙원이란 말인가?

환상적인 풍경 속 야외 수영장에서 풀장과 스파를 몇 번씩 번갈아 몸을 담그니 하루
종일 비포장도로를 달린 피로가 '쏴~' 풀린다. 다시 가뿐해진 몸과 마음으로 반도의
북쪽 해안도로를 단숨에 감아 돌아 건너편 피오르로 진입하니 또다시 날씨가 급변
하며 낮은 먹구름이 몰려들기 시작한다. 서둘러 다음 캠핑 지점인 아이슬란드 북부
의 최대 도시, 아쿠레이리(Akureyri)로 향했다.

점점 더 낮고 빨라지는 구름의 움직임에 괜스레 마음이 급해져, 캠핑장에 도착하자마자 재빨리 텐트부터 치고 서둘러 저녁을 해 먹었다. 안 그래도 장거리 운전과 수영으로 노곤해졌는데 배까지 불러오니 잠이 마구 쏟아진다. 둘 다 만사가 귀찮아지며 곧장 텐트 안으로 들어가 곯아떨어졌는데 미처 화장실을 안 간 게 화근, 몇 시간 후 신호가 오며 눈이 떠졌다.

바깥은 아직 해가 지지 않아 환한데 화장실에 다녀오는 길의 북녘 하늘의 풍경이 심상치 않다. 지금을 놓치면 안 될 것 같은 느낌! 황급히 텐트로 돌아가 곤히 잠든 아내를 득달같이 깨워 카메라를 들고 함께 바닷가 쪽으로 차를 몰았다. '아이, 뭔데 난리야, 정말…' 하며 짜증 가득한 표정으로 조수석에 앉았던 아내도 북녘 하늘 풍경을 보자 잠이 번쩍 깨인 듯 이내 카메라 셔터를 돌려대기 시작했다.

무작정 서둘러 바닷가에 도달해야 한다는 집념으로 잘못된 길을 들고 나오기를 몇 번 반복, 마침내 우리는 한 공장 시설 뒤켠 해변가에 겨우 자리를 잡고 북쪽 하늘과 수평선 사이에서 일어나고 있는 일을 관찰하기 시작했다. 북유럽의 겨울에 오로라가 있다면, 여름엔 이것이 있다. 말로만 들었던 백야의 미드나잇 선셋! 시간을 확인해보니 이미 자정을 훌쩍 넘겼다.

1 캠핑장 위 낮게 드리운, 심상치 않아 보이는 먹구름에 서둘러 텐트로 돌아가던 중, 마치 탐조등이 켜진 것처럼 캠핑장을 갑자기 내리 비추는 강렬한 햇살 한 줄기! 놀라서 뒤를 돌아다 보았다

2 범상치 않은 북녘 풍경에 황급히 차에 올라 석양을 쫓기 시작! 수평선과 태양이 만나는 순간을 포착할 수 있도록 시선이 확 트인 곳을 찾아 아쿠레이리의 도로를 종횡무진 누볐다. 이럴 땐 차량 통행량이 별로 없는 게 진정 축복이다!

3 가까스로 시야가 탁 트인 해안가 명당 자리에 도착한 시각은 이제 막 자정을 넘긴 시점! 문자 그대로 '미드나잇 선셋'의 아름다운 장관이 서서히 눈앞에 펼쳐지기 시작했다

수면에 닿을 듯 낮게 드리워진 먹구름들, 그들을 떠받치며 저 멀리 우뚝 서 있는 새하얀 눈산, 보다 멀리 수평선 위 벌어진 구름 틈 사이로 내뿜는 강렬한 북극광 석양까지. 기막힌 타이밍과 행운으로 접하게 된, 대자연이 연출하는 장관 앞에서 우리 부부는 한참 동안 아무 말 없이 셔터만 연방 눌러댔다.

#어떤 말로도 표현할 수 없는 #장관

여덟째 날 쓴 돈	
(원 환산 × 11)	
주유	6,392 ISK
	(70,310원)
아이스크림	330 ISK
	(3,630원)
호프소스 수영장	1,400 ISK
	(15,400원)
장보기	5,478 ISK
	(60,260원)
아쿠레이리 캠핑장	2,700 ISK
(2인 텐트)	(29,700원)

1 렌터카 계기판에 켜진 사륜구동 상태 전환 표시등. 사륜구동 상태에 서는 이륜구동보다 훨씬 더 많은 연료가 소모되니 수시로 스위치를 눌러가며 필요한 경우에만 전환하는 게 좋다

2 비포장도로상에서 수시로 나타나는 양방향 1차선 다리. 진입로에 먼 저 도착한 차량에게 우선 통행권이 주어지는데, 대부분 실제로는 더 빨리 다리에 도달한 차량이 먼저 양보하며 진입로 옆 갓길에 정차한 후 건너편 차량이 건너오길 기다린다. 이때 감사의 표시로 상향등을 깜빡이거나 '땡큐' 수신호를 보내면, 순간 쿨한 매너 여행자가 된다

3 북아이슬란드의 수도라 불리는 아쿠레이리. 인구 2만 정도의 마을이 지만 섬의 남동쪽에 위치한 수도 레이카비크 주변 지역에 이은 아이 슬란드 제2 인구 밀집 지역이다. 폭 좁은 피오르 지형 깊숙이 들어앉 아 있어 한겨울에도 평균 기온이 영하 2~3도 정도밖에 떨어지지 않 는 포근한(?) 기후

4 아쿠레이리 도심 한복판에 위치한 오늘의 숙소, 'Tjaldsvæðið(아, 당췌 읽을 수가 없다)' 캠핑장. 나름 대도시(?) 내 위치한 캠핑장이지라 레이캬비크처럼 캠핑카 외의 차량은 사이트 내 주차를 금한다. 특히 우천 시에는 텐트 곁에 주차가 가능한지 여부가 매우 중요한데 캠핑장마다 규정이 다르니 사전 확인 필수

4

5 저녁 메인 요리인 돼지 목살 구이 조리 중. 코펠 바닥에 고기가 눌어붙지 않도록 호일 박스를 깔고 그 위에 구워 보았는데 대성공이다. 많이 탄 곳 없이 노릇노릇하게 골고루 잘 익은 목살 요리 완성! 캠핑 장비로 고기 굽기 노하우가 하루하루 늘어간다

6 캠핑장 공동부엌 공간에서 요리를 준비하며 담소를 나누고 있는 한 그룹. 얼핏 들리는 '위~', '메르씨~' 등의 알 만한 단어와 목소리 크기(대화 볼륨이 엄청나다)로 미루어 짐작할 때 프랑스 사람들인 듯. 북유럽 전역 캠핑장에서 가장 많이 들려오는 언어 중 하나다

5

6

7 장기간 캠핑여행으로 인해 잔뜩 충만된 식욕! 계속해서 고기가 당기면서 야채 밸런스를 맞추고자 꽤 많은 노력을 기울였다. 아이슬란드에서는 양고기를 제외한 육류와 야채를 대부분 수입하는 형편이라 재료 자체도 꽤 비싸지만, 그나마 직접 요리해 먹는 편이 훨씬 더 저렴. 한 번 레스토랑 갈 비용으로 슈퍼에서 장을 보면 다섯 끼 정도의 식사 분량이 해결된다

7

구세군 밴드가 연주를 했어
아이들은 레몬에이드를 마시고
그렇게 아침 같은 하루가 온종일 계속되었지

활짝 열린 창문으로 흘러들어오는
젊은 시절 시나트라 노래가
마을을 온통 가득 채웠지

헤이 오 마~마~마~마미 두두나이에
헤이 오 마~마~마~헤에에이야
북쪽 마을의 삶이란

– 드림 아카데미의 〈북쪽 마을의 삶이란〉 중에서

A Salvation Army Band played
And Children drank lemonade
And the morning lasted all day, All day

And through an open window came
Like Sinatra in a younger day,
Pushing the town away

Hey o ma ma ma mommy doo-die-nie-ya
Hey o ma ma ma ma hey-y-yah
Life in a northern town

- The Dream Academy, ⟨Life in a northern town⟩(1985)

영국의 1980년대 뉴 웨이브 밴드 드림 아카데미의 월드와이드 히
트곡. 가사 자체는 불황을 겪어 우울했던 당시 영국이 비틀즈가 있
었던 활기찬 1960년대를 그리워하는 내용이지만, 묘사하고 있는
마을의 풍취와 편곡, 연주 분위기 등이 아이슬란드의 북쪽 마을 풍
경과 너무나도 잘 어울린다

Day 9

아, 몹쓸 재연 욕구

북아이슬란드, '아쿠레이리' ~ '미바튼' 호수 ~ '데티포스'

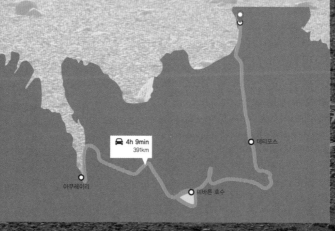

🚗 4h 9min
391km

데티포스

아쿠레이리

미바튼 호수

어찌 그리 하나같이

SF 영화 속 장면 같은 지형들이

옹기종기 모여 있는지

1 출근 시간이 넘었음에도 한적한 아쿠레이리 다운타운. 오전 9시 전까지는 공영 주차장도 무료인 데다 거리에 사람이 없어 이런저런 거리 사진을 마음대로 찍기에는 더할 나위 없다

2 유일하게 문이 열려 있던 '백패커스(Backpackers) 아쿠레이리'라는 호스텔에 딸린 카페 겸 레스토랑. 창문에 붙어 있는 'Wi-Fi'라는 문구가 그렇게 반가울 수가 없다

3 식음료 주문과 숙박 문의를 한꺼번에 받는 접수대 모습. 앙증맞게 걸린 아이슬란드 국기 등 아기자기한 디테일이 재미있는데, 특히 테이블 위 방명록 옆에 놓인 옥수수만 한 크기의 볼펜은 눈에 확 들어와서 한번 써보지 않고는 배길 재간이 없다

4 따뜻한 원목 느낌의 인테리어와 칸칸이 꽂혀 있는 여행책들까지, 황량한 아이슬란드 자연을 누비는 배낭여행자들에게 몸과 마음의 안식처로 안성맞춤인 분위기. 하지만 이 정도 느낌의 도심 호스텔 성수기 숙박 가격은 하룻밤 캠핑 비용의 여덟 배가량인 20만 원에 육박한다

캠핑장에서 아침을 먹은 후, 길을 떠나기 전 잠시 아쿠레이리 다운타운을 들렀다. 커피도 한잔하면서 여행기와 사진도 업로드할 겸 와이파이가 될 만한 카페를 찾아 나섰는데, 아침 9시경이 다 되었건만 역시나 이 도시도 아직 잠에서 덜 깬 듯하다. 거리에 인적도 거의 없고 문을 연 곳 자체를 발견하기가 난망한 게 딱 레이캬비크 데자뷔. '던킨도너츠'라도 또 검색해봐야 하나 하던 차에 오아시스처럼 열려 있는 카페를 발견! 문을 열고 들어서니 아늑한 공간에서 가벼운 아침과 함께 다음 여정을 준비하는 손님들로 꽤 들어찬 모습이다. 역시 아이슬란드에서 유일하게 부지런한 사람들은 여행자인 듯.

원하던 분위기의 카페에서 빵빵한 와이파이와 우유 거품 한가득 카푸치노 한 잔을 넉넉히 즐긴 후 개운하게 길을 떠났다. 오늘부터 아이슬란드 북부에서 동부로 넘어가는 경로가 시작되는데 제법 설렌다. 꽤나 좋아하는 영화 촬영지가 연이어 등장하기 때문.

몇 개의 터널과 두어 개 크고 작은 폭포를 지나니 얼마 안 가 미바튼(Myvatn) 호수가 나온다. 수년 전 나온 영화 〈스타워즈〉 시리즈의 초반 전투신 배경이 된 곳. 호수가 시작되는 시점에서 북쪽과 남쪽 도로로 길이 갈린다. 감으로 좀 더 길어 보이는 남쪽 길을 찍었는데, 다행히 영화 장면과 비슷한 앵글의 풍경과 다른 여러 볼거리들도 모두 남쪽 도로상에 있었다.

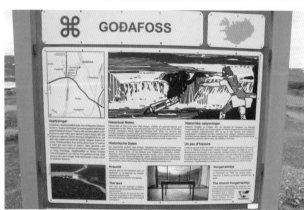

아쿠레이리에서 미바튼 호수로 가는 길 도중에 나오는 고다포스. 눈으로 직접 보니 실제 폭포의 규모가 관광책자 사진의 위용에는 못 미치는 게 '신의 폭포'라는 거창한 명칭이 다소 머쓱했는데, 폭포 진입로의 안내판을 읽어보니 다시 고개가 끄덕여진다. 아이슬란드가 처음 기독교를 받아들이며 그동안 섬기던 신상을 이 폭포 아래로 던져 넣은 것이 이름의 유래가 되었다고. 폭포 주변 바위가 미끄럽고 거칠어 가까이 접근할 경우, 여기저기 세워진 고가의 카메라 삼각대나 '엎드려쏴' 자세로 인생샷 촬영에 몰두하고 있는 다른 여행자들을 발로 차거나 밟지 않도록 조심해야 한다

미바튼의 뜻은 '벌레호수'. 많은 아이슬란드 여행 책자들이 이 주변에서는 벌레가 많아 캠핑하지 말라고 충고할 정도인데, 막상 와서 보니 때마침 부는 바람 탓인지 그렇게 많이 윙윙거리지 않는다. 덕분에 쾌적한 환경 속에서 호수 주변의 여러 휴화산들을 둘러볼 수 있었는데, 어찌 그리 하나같이 SF 영화 속 장면 같은 지형들이 옹기종기 이곳에 다 함께 모여 있는지. 짧은 시간에 자동차로 이곳저곳 옮겨 다니며 다양한 판타지 영화 속 은하계 행성 산책이 가능한 게 마냥 신기하기만 하다.

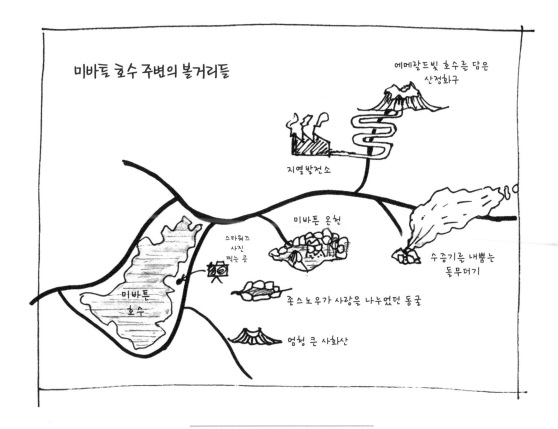

1 미바튼 호수 진입로상의 표지판. 호수 북쪽을 지나는 1번 메인도로보다 남쪽으로 감아 도는 848번 국도상의 볼거리가 더 다채롭다

2 호수 남쪽 도로상에 위치한 호프디(Höfði, 이 지역 명칭들은 독음이 특히나 난해하다) 지역의 주변 풍경. 영화 〈스타워즈〉 '깨어난 포스' 편의 초반 전투 신이 촬영된 곳으로 있는 그대로의 지형이 워낙 독특해 별다른 CG 없이도 충분히 외계적이다

3 해발 400여 미터 높이의 거대 사화산 흐베르프잘 (Hverfjall)의 모습. 호숫가 국도를 달리다 보면 그냥 우측에 떡하니 보일 정도로 워낙 커서 그냥 지나치기가 어렵다

4 표지판을 따라 운전해 들어가 사화산 그루터기에 무료 주차를 한 후 화산을 타고 오르기 시작했는데, 정상까지가 까마득하다. 걸어 올라가는 데에만 20여 분이 소요!

1 드디어 정상에 도착! 헐떡거리는 숨을 겨우 가누며 주변을 돌아보려던 차, 웬 청년이 자기 친구가 분화구 한복판까지 까마득히 달려 내려가 용암석으로 이니셜을 만들었다며 우리에게 막 자랑한다. 아, 젊음이 부럽구나!

2 온통 화산재로 덮인 시커먼 분화구 자체보다는 내려다보이는 주변 풍경에서 힘들게 올라온 보람이 더 느껴진다. 우주적 풍경의 미바튼 호수 전경과 다채로운 색깔의 화산 지형들이 한 눈에 펼쳐지는 천연 전망대

1 흐베르프잘 사화산에서 직선
거리로 불과 2킬로미터 정도
근거리에 위치한 'Grjótagjá'
동굴. 미국 드라마 〈왕좌의 게
임〉에서 주인공 크로우가 야
인 여인과 사랑을 나누던 장
면을 찍은 곳으로 유명한데,
입구가 너무나도 소박해 걸
어 들어가면서도 '정말 여기
가?' 하는 의심이 들 정도다

2 육안으로 볼 땐 그냥 투명
한 맑은 온천수인데, 사진을
찍으면 신기하게도 파란색
으로 나온다. 보통은 사진이
실제 눈을 못 따라가는데 이
곳은 반대

1 미바튼 호수 북동쪽 외곽에 위치한 크라플라(Krafla) 지역 진입 표지판. 지표면 약 2킬로미터 아래 많은 양의 마그마를 머금고 있는 칼데라(Caldera) 지형으로 지름 10킬로미터에 달하는 넓은 지역이다

2 자연보존에 과민한 아이슬란드인들이지만 이 칼데라 지형에는 과감히 개발 투자를 단행, 많은 지열발전소를 지었다. 아이슬란드 지열 발전량의 10분의 1이 넘는 전력을 생산하고 있는 이곳 크라플라 발전소가 그중 최대 규모

전체 지형 중 가장 높은 봉우리에 위치한 비티(Víti) 산정호수. 정상까지
포장도로가 잘 닦여 있어 별다른 입장료 없이 자동차로 올라가볼 수 있
다. 눈이 꽤 남아 있을 정도로 추운 날씨 속에 분화구 깊숙한 곳에는 신
비로운 빛깔의 온천수가 그득히 담겨 있다

1 광대한 마그마 지반은 주변 지역을 온갖 흥미로운 현상으로 들끓게 한다. 크라플라 봉우리를 내려오는 길 한쪽에 보이는 흐베리르(Hverir)도 그 중 하나. 넓은 대지 여기저기 뿜어대는 스팀들의 모습이 멀리서도 잘 보인다

2 가까이 가보니 쌓여 있는 돌무더기 사이로 뿜어져 나오는 증기의 양과 세기가 엄청나다. 온도가 섭씨 80도에서 100도에 이르니 행여나 스팀 속으로 머리를 들이밀어 넣어보는 장난 따위는 삼가는 게 좋다

1 도저히 그냥 지나칠 수 없는 묘한 색깔의 호수가 도로 바로 곁에 떡하니 등장. 바로 마그마 지층이 스며내는 신비로운 온천수 미바튼 '블루 레이크'다

2 주변에 차를 세우고 가까이 다가가보니 근거리에서는 맑고 투명한데 먼 시야로는 하늘색으로 더욱 짙어지는 게 마냥 신기하다. 발이라도 한 번 담가볼 요량으로 신발을 벗으려는데 바로 곁에 세워져 있는 '입수금지' 간판을 보고 멈칫

1 아쉬운 마음으로 호수를 떠나니 바로 건너 편에 미바튼 온천(Myvatn Nature Bath) 표 지판이 나타난다. 아, 발 대신 전신을 푹 담 글 수 있겠구나!

2 카운터를 찾아 입장료를 확인해보니 인 당 4만 4000원 정도. 역시나 비싸긴 하지 만 그래도 레이캬비크 주변에 있는 '블루 라군'의 절반 가격이다. 게다가 거기는 몇 주 전 예약 필수인데 이곳은 그냥 왔는데 도 여유가 많다고. 이쯤이면 담가줘야 하 는 상황이다

3 저 멀리 눈산과 좀 전에 올라가본 새까만 사화산과 그 너머 미바튼 호수의 풍경까 지, 아기자기 다양한 화산 지형이 한눈에 들어오는 탁 트인 야외 온천! 중천에 박혀 내려올 줄 모르는 아이슬란드의 여름 태 양 아래에서 잠시 여정을 잊은 채 푸른 온 천에 몸을 담그니 묵은 여독이 사르르 녹 아내리며 여행자의 행복감이 밀려온다

무진장 널린 볼거리에 홀려 종일 헤매느라 저녁 시간이 다 되어서야 겨우 미바튼 호수 주변을 벗어날 수 있었지만, 북유럽 여름답게 해는 아직 중천이다. 여유로운 마음으로 오늘의 하이라이트, 데티포스(Dettifoss)로 향했다. 바로 SF 영화계의 문제작, 리들리 스콧 감독의 영화 〈프로메테우스〉의 인트로 신을 찍은 곳이다.

"꼭 이쪽 길로 달려야겠어? 갈 길이 아직 먼데, 차가 망가지기라도 하면 어쩌려구."
- 무슨 소리야. 이러려고 비싼 돈 내고 사륜구동 빌린 건데. 이런 길 안 달려주면 자동차가 섭섭하지.
"어휴, 아무튼. 그래 일단 들어가. 타이어 터지기라도 해봐. 아주 그냥."

데티포스로 진입하는 도로는 두 가지다. 하나는 862번 포장도로, 또 하나는 864번 비포장도로. 문제는 영화 장면 속 구도의 폭포를 보기 위해서는 멀쩡한 포장 진입로를 놔두고 울퉁불퉁 자갈길로 30킬로미터나 달려 들어가야 한다는 거다. 뭐 그래도 어쨌든 자동차가 다니라고 만들어놓은 길일 테니 험하면 얼마나 험하겠어…라는 생각은 달리기 시작한 지 10분 만에 싹 달아났다. 인랜드 못지않게 거친 흙탕 도로 위에, 살벌하게 뾰족한 모퉁이의 자갈, 아니 암석들이 여기저기 나뒹굴고 있다. 어떤 놈은 잘못 밟았다간 차가 뒤집어질 수도 있겠다 싶을 정도로 사이즈가 커서 지그재그 핸들꺾기를 수시로 해야 하는 게, 이건 거의 비디오게임 수준이다. 조수석 난간을 잡은 채 점점 더 굳어지는 표정의 아내. 애써 보이는 눈치를 외면하며 이래저래 생사가 걸린 운전에 집중하는 남편. 한 시간 남짓의 정적 속 '오프로드' 주행 끝에 무사히 폭포 곁 주차장에 안착했다.

1 데티포스로 가는 864번 비포장도로 풍경. 어디가 길이고 아닌지 분간이 잘 안 될 정도인 데다 길 잃은 자동차가 한 대 치고 간 듯 표지판까지 삐딱하게 서 있다

2 이런 자갈 길 위를 달릴 때 가장 긴장되는 순간은 맞은편에서 차가 빠른 속도로 달려올 때다. 마찬가지로 내 차로 인해 상대방 차가 자갈 혹은 먼지 피해를 입지 않도록 속도를 최대한 줄여주는 것이 역지사지 매너

3 풀 한 포기 찾아보기 힘든 데티포스 진입로 주변의 황량한 풍경. 아이슬란드에서 가장 메마른 지역 중 하나다

1 우렁찬 폭포 소리가 지축을 흔드는 진동으로 느껴질 정도의 지점에 다가서면, '데티포스에 온 것을 환영합니다'라는 표지판이 보인다. 거창한 소개 내용은 차치하더라도 제일 아래쪽에 적힌 주의 사항은 꼭 챙겨볼 것. 엄청난 양의 물보라로 흠뻑 젖어 미끄러운 폭포 주변 절벽 쪽에는 난간도, 안전요원도 없다

2 드디어 위용을 드러내는 데티포스! 좌우 폭 100미터의 절벽 끝에서 동시에 쏟아지며 45미터 절벽 아래로 떨어져 내리는 폭포수의 양은 1초당 약 70000여 큐빅! 아이슬란드 최대이자, 유럽 최대의 순간 유수량을 자랑한다

분노의 숨결이 고스란히 느껴지는 그곳에서 내려다보이는 폭포 끝자락 풍경이 던지는 영감은 오롯한 '죽음' 그 자체다. 신의 죽음을 통해 인류 탄생의 기원을 역설적으로 풀어내기에 더할 나위 없는, 대자연이 연출해주는 완벽한 미장센

꾸역꾸역 폭포 근처로 다가가 영화 속 장면 재연 사진 촬영을 감행하고야 만 남편. 비포장도로로 한참을 덜컹거리며 빠져나온 후, 길이 좀 진정되자 아내가 묻는다.

"그런데, 왜 그렇게 영화 장면을 꼭 따라 해보려는 거야?"
- 음, 글쎄. 영화로 본 장면이 합성이나 그래픽이 아니었음을 온몸으로 증명해 보이려는 몸부림이랄까?
"그걸 꼭 증명해야 돼?"
- 그럼, 진짜라는 건 소중하거든. 가치를 증명하고 지켜줘야지.
"어이구."

바로 이 장면

#인생은 영화처럼 #한 번 사는 인생

아홉째 날 쓴 돈
(원 환산 × 11)

모닝 커피 2잔	900 ISK
(아쿠레이리 백팩커스 호스텔)	(9,900원)
주유	3,500 ISK
	(38,500원)
미바튼 온천 입장료	8,000 ISK
	(88,000원)
코파스커 캠핑장	2,400 ISK
(2인 텐트)	(26,400원)

1 아쿠레이리 백팩커스 호스텔 라운지에서 마신 모닝 커피. 카푸치노 한 잔에 4500원 정도로 커피만큼은 한국 물가와 비슷하다

2 미바튼 호숫가 순환도로상에서 먹은 점심. 슈퍼에서 산 빵과 야채, 마요네즈로 캠핑장에서 직접 만들어 들고 나온 샌드위치 도시락이다. 이 정도를 어디서 사 먹으면 몇만 원, 직접 해 먹으면 몇천 원

3 오늘의 보금자리 코파스커(Kópasker) 마을. 보라색 루핀(lupine) 꽃으로 온통 둘러싸인 인구 100여 명의 자그마한 땅 끝 시골마을이지만 이곳에도 어엿한 캠핑장이 있다

4 도착한 캠핑장 사이트. 로비 건물 없이 캠핑장 표지판과 간이 화장실만 달랑 세워져 있다. '공짜 캠핑장인가 보다' 좋아라 하며 텐트 치고 라면을 끓이고 있는데, 어떤 아주머니가 나타나 일수 가방을 들고 와 사용비를 받아 간다. 나중에 화장실에 가 보니 한쪽 벽면에 붙어 있는 사용료 안내. 결국 화장실이 로비 사무실(?) 겸용이었다

뚝딱 강 여사의 "오늘의 캠핑요리"

야채 된장 라면

주의 사항 하나!
야채가 많이 들어가서 라면 수프만으로는 싱거울 수 있다. 된장이 없다면 고추장이나 쌈장으로 대체하자!

주의 사항 둘!
면의 종류에 따라 익는 시간이 다르니 봉지에 있는 설명을 잘 보고 너무 오래 끓이지 않도록 한다. 특히 아이슬란드 현지 라면들은 면이 매우 얇아서 금방 익을 수 있으니 주의하자

재료
현지 라면, 호박, 양파, 감자, 샌드위치 햄

조리법
1. 물이 끓으면 라면 수프를 먼저 넣고, 된장을 숟가락의 절반 정도 넣어준다
2. 호박, 양파, 감자 등의 야채를 아주 얇게 썰어서 함께 넣고 익힌다
3. 남은 샌드위치 햄 쪼가리도 몽땅 투하한다
4. 야채가 어느 정도 익으면 마지막에 면을 넣는다

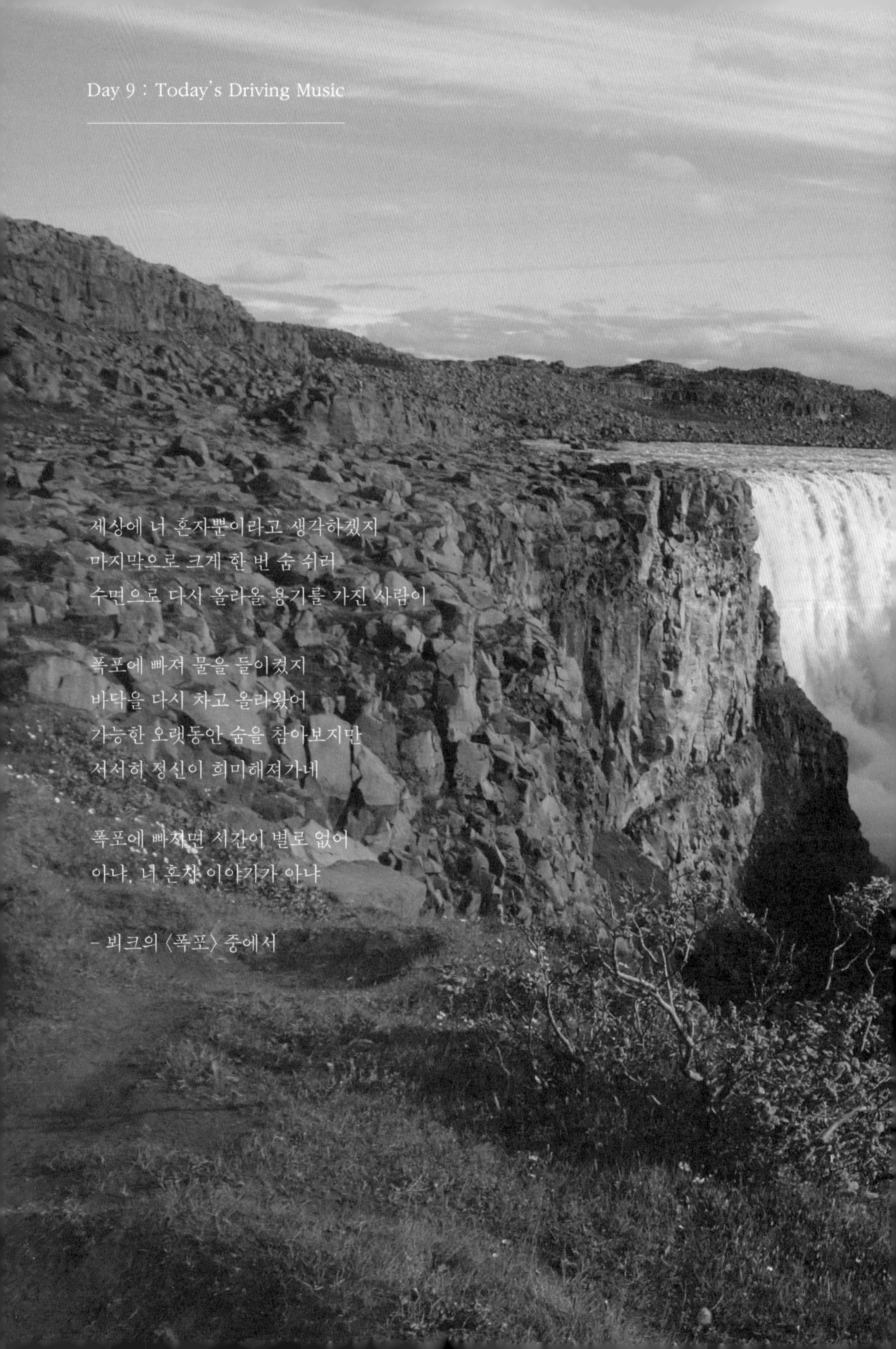

Day 9 : Today's Driving Music

세상에 너 혼자뿐이라고 생각하겠지
마지막으로 크게 한 번 숨 쉬러
수면으로 다시 올라올 용기를 가진 사람이

폭포에 빠져 물을 들이켰지
바닥을 다시 차고 올라왔어
가능한 오랫동안 숨을 참아보지만
서서히 정신이 희미해져가네

폭포에 빠지면 시간이 별로 없어
아냐, 너 혼자 이야기가 아냐

- 뵈크의 〈폭포〉 중에서

You think you are the only one
to reach for the surface finding courage
 breathe out for the last time

Buried in a waterfall inhaling water
pushed against the bottom
Held in for so long as long as you could
I'm slowly fading

You are running out of time
buried in a waterfall
No, you're not the only one

- Vök, 〈Waterfall〉(2015)

2013년에 결성된 신예 아이슬란드 일렉트로니카 그룹 뵈크의 EP
앨범 'Circles'에 수록된 곡. 폭포에서 빠져나오기 위해 허우적대는
상황 비유를 통해 '한계 상황의 극복'이란 메시지를 몽환적 느낌의
일렉 비트와 보컬로 세련되게 담아냈다

Day 10

구름과 안개 속을 넘실넘실

아이슬란드 북동부, '코스파커' ~ '로파회픈'

~ '보프나피오르' ~ '세이디스피외르뒤르'

보다 편하게 달릴 수 있는 도로 대신

멋진 풍경을 기대하며 접어든 해안도로.

선택은 옳았다

고요하기 그지없는 외딴 마을 캠핑장의 아침, 눈을 뜨자마자 아내는 자동차 뒷문을 열어 버너를 꺼내 요리를 준비하고 남편은 잠자리와 텐트를 걷어 둘둘 말기 시작한다. 그래도 텐트살이 며칠 됐다고, 하루의 루틴을 여는 데 있어 이제는 별 말도 필요 없이 자연스레 나눠진 역할로 제법 손발이 맞아가는 중. 처음엔 서툴러 티격태격하던 텐트 치기도 익숙해지니 이젠 일도 아니다. 누가 보면 꽤 능숙한 캠핑족 커플이라고 알아줄 듯도 한데, 시골 촌구석 캠핑장에 사람이라고는 달랑 우리 둘뿐이다.

떠날 채비를 마친 채 식사를 하며 오늘의 경로에 대해 대화를 나누기 시작.

"그래도 여기까지 올라왔으니, 북단 지점은 찍고 내려가야겠지?"
-그러려고 이 북쪽 깡촌 마을 캠핑장을 숙소로 잡은 거 다 알아. 어찌나 그렇게 땅끝을 가보고 싶어 하는지. 에휴~

30초도 안 걸린 경로 회의를 마치고 곧장 길을 나섰다. 그러게, 난 왜 이리도 땅끝까지 가보는 걸 좋아할까? 이전 미국 일주 때도 그랬다. 남단과 서단, 자동차로 갈 수만 있는 곳이라면 기어이 외지고 구석진 땅끝 바닷가를 찾아 들어가 찍고 돌아다녔지. 사실 막상 가보면 휑하니 별 것 없는데도 말이다. 아마 이번에도 그렇겠지? 언젠가 본 영화 속 그런 대사가 있었다. 사람이 땅끝을 가보고 싶어 하는 이유는 자신의 죽음이 궁금해서라고. 글쎄, 난 별로 궁금한 것 같지는 않은데. 운전하며 쓸데없는 이상한 생각을 하는 사이 어느새 길은 비포장으로 접어들고 불길한 느낌의 안개가 시야를 잔뜩 가린다. 이윽고 자동차가 갈 수 있는 아이슬란드의 가장 북쪽 지점에 도착.

1 안개 속으로 사라지는 비포장 도로의 끝. 지나다니는 자동차 한 대도 보이지 않아 더욱 갈등된다. 이거 계속 들어가봐야 하나?

2 드디어 자동차도로 가장 북쪽 지점에 도착. 여기가 끝이 아닌 듯, 더욱 북쪽 방향으로 나 있는 산책로 쪽에 낯선 자동차 한 대가 서 있다. 우리도 차를 세우고 걸어 들어가 보았다

3 산책로 입구에 써 있는 주변 지역 설명판. 2킬로미터 정도 걸어 들어가면 섬의 북단 지점에 등대가 서 있는데 인증샷을 찍어 다음 마을의 '노던 라이츠(Nothern Lights)' 호텔에 보여주면 '아이슬란드 최북단 도달 인증서'를 발행해준다고. 젠장, 이거 괜히 읽었다. 들어가보는 수밖에. 앞 자동차도 이렇게 낚인 듯

4 길이라고 하기에도 애매한 황무지 바닷가. 자욱한 안개 속에서 의외로 잔잔한 북극해 파도 소리만 간간이 들려오는 해변가를 따라 40분 정도 걸어 들어가니 저 멀리 등대 같은 형체가 어렴풋이 보이기 시작

5 마침내 목적지에 도착. 북극권 경계(Arctic Line)에서 남쪽으로 불과 3킬로미터 떨어진 지점이다. 가까이 가보니 엄청난 규모의 등대. 짙은 안개가 자주 발생하는 지점이라고 하니 할 일이 많을 듯하다. 어쨌거나 인증샷을 찍은 후 다시 걸어 나와 호텔로 이동

1 노던 라이츠 호텔이 위치해 있는 'Raufarhöfn' 마을 표지판. 주민 200명 정도의 도시(?)로 한때 청어 잡이로 호황을 누리던 곳인데, 바뀐 해류로 인해 포획이 줄면서 점차 쇠퇴했다고 한다. 아이슬란드의 가장 북쪽 마을임을 알리는 마을 초입 언덕 위 북극석(Arctic Henge)이 그 명맥을 유지해 주고 있다.

2 노던 라이츠 호텔의 외관. 평범한 컨테이너 외관에 삐까번쩍 간판 하나 없는 게 역시나 미니멀리즘의 극치다

3 문을 열고 들어서면 여지 없이 따뜻하고 아늑한 분위기. 창가에 위치한 로비 겸 레스토랑도 시골 커피숍 정도의 느낌인데, 후덜덜한 가격의 요리 맛은 역시나 일품이다

다음 마을에 도착해 노던라이츠 호텔을 찾아 들어가 찍은 사진을 들이대며 말했다.

"저, 북쪽 등대 사진 찍어 왔어요. 인증서 같은 걸 발행해준다고 하던데."
- 아, 여기 메일 주소와 성함을 남겨주시면 그쪽으로 보내 드려요.

정말일까? 인증서 대신 프로모션 스팸만 날아오는 거 아닐까? 살짝 의심이 갔지만, 별다른 수도 없고 '그렇게까지 고생했는데…' 하며 메일을 남겼다. 어쨌든 미션이 일 단락되었다는 생각에 정신을 차리며 여유를 갖고 호텔을 둘러보니 허름한 외관과는 달리 내부는 깔끔하고 아늑한 게 역시나 북유럽 호텔의 전형. 팬스런 인증 사진 미션 을 수행하느라 배고픔도 잊고 있었던 차, 때맞춰 어디선가 묘한 요리 냄새가 모락모 락 피어나는 게 타이밍이 기가 막힌다.

"우리 여기 잠시만 쉬었다 갈까? 그래도 두 시간 정도씩이나 하이킹을 한 건데."

창가 자리에 앉자 무섭게 나오는 메뉴판. 음식 종류는 딱 두 가지인데 그중 하나가 '양고기 햄버거'다. 아, 이 묘한 냄새가 바로 양고기 굽는 향이구나. 불과 며칠 전 레 스토랑 식사로 큰 출혈을 겪었건만 마치 마법에 걸린 듯 어느새 또다시 양고기 햄버 거를 주문하고 있는 우리. 잠시 후 나온 요리를 게 눈 감추듯 먹고 호텔을 나서는데, 아 뭔가 제대로 당한 느낌이다. 이런 식으로 걸려들어 여기서 양고기 햄버거를 먹게 된 관광객이 꽤 많지 않을까. 증명할 길 없는 덧없는 의심은 잠시 후 눈앞에 펼쳐진 길 위의 절경 속에서 이내 잊혀갔다.

1 아이슬란드 가장 북쪽 지역을 타고 도는 85번 국도 비포장도로 구간에서 만난 풍경. 뭔가 거대한 삿갓 같은 산봉우리가 비스듬히 뉘여 있는데, 사진으로 그 웅장함과 비현실적인 자태를 담아내기에는 역시나 역부족이다

2 북극해를 끼고 시원하게 뻗은 85번 국도의 포장도로 구간. 메인도로인 1번 도로에서 멀찌감치 떨어져 있어 성수기인 여름에도 통행 차량이 거의 없다. 도로 한가운데에 삼각대를 세워놓고 사진을 한참 찍어도 차량 소리 하나 들려오지 않는 고요함 속에서 새파란 무공해 하늘 아래 펼쳐지는, 싱그럽기 그지없는 아이슬란드 여름 풍경을 마음껏 담을 수 있다

"가만, 이거 또 고민이 되는데, 흠… 어떡할까?"

- 일단 여기 어디 세워서 간식이나 먹으며 천천히 생각해보지 뭐.

85번 국도가 보프나(Vopna) 피오르 구간을 스치는 지점에서 갈림길이 나왔다. 그냥 포장도로를 따라 계속 남쪽으로 달리면 곧장 1번 도로를 만나며 오늘의 목적지인 아이슬란드 동부 도시 세이디스피외르뒤르(Seydisfjordur)까지 편안하게 갈 수 있는데 다시 서쪽 해안가를 따라 감아 도는 917번 해안도로가 왠지 맘에 걸린다. 비포장도로 구간인 데다 고원지대를 통과해 운전이 좀 만만치 않을 듯도 한데, 관광책자에도 거의 정보가 나와 있지 않은 미지의 도로. 그만큼 더 끌린다. 이미 그런 남편의 마음을 눈치챈 아내, 웃으며 "또 험한 길로 갈 거지? 고민하지 말고 어서 출발하자구" 툭 한마디 던지고 자리에서 일어난다.

그리하여 또다시 접어들고야 만 917번 국도. 마치 어떤 스릴러 영화의 시작 장면처럼 저 멀리 산등성이에 짙게 드리워 내린 구름 속으로 오르막 길이 무심히 뻗어 들어간다. 잠시 후 마치 비행기가 먹구름을 뚫고 올라가듯, 자동차 주변을 수증기가 온통 에워싼다. 한동안 이어지는 구름길 운행. 흐린 시야 속에서 느닷없이 폭포가 등장하고 바닷가 절경이 눈앞에 펼쳐지는 게 마치 꿈결 속을 이어 달리는 듯하다.

1 맑은 날씨 속에 산등성이에만 짙게 내려앉아 있는 구름의 모습. 북쪽으로 갈수록 대기와 지표면 온도차가 커지면서 이런 현상이 자주 나타난다

2 실제 구름 속을 주행할 때엔 사진에 나타나는 것보다 시야가 훨씬 더 좋지 않다. 언제 반대편에서 차가 갑자기 나타날지 모르니 과속은 절대 금물

1 짙은 안개 속 어디선가 들려오는 우렁찬
  물소리를 쫓아가 발견한 'Gijufursarfoss'
  폭포. 요란한 아이슬란드의 '스타' 폭포
  들처럼 규모는 그리 크지 않지만, 주변의
  알록달록한 녹지의 풍경과 아기자기 어
  우러지는 나름의 운치가 느껴진다

2 구름이 드리워진 해안가 조금 떨어진 곳
  에 커다랗게 서 있는 바위섬. 뭔가 맘모
  스를 닮은 형상인지라 뭔가 그럴듯한 이
  름과 함께 북유럽 신화 이야기를 엮어 명
  소로 만들 수 있을 법도 한데, 관광지도
  에는 흔적조차 나와있지 않다. 그만큼 덜
  알려지고 외진 지역

마침내 구름 구간을 서서히 벗어나는 도로. 어느새 자동차는 산등성이 위에 올라와 있고, 눈부신 새파란 하늘 아래 바닥에 깔린 구름이 새하얀 눈산 봉우리 사이로 흘러 다니는 묘한 풍경이 우리를 맞이한다. 이어지는 구불구불 산악도로 구간을 천천히 오르기 시작. 순간순간 오금이 저려오는 아찔한 절경을 흘끗흘끗 내려다보며 우리의 선택이 옳았음을 온몸으로 느끼고 있었다.

1 고도가 높아지며 구름이 점차 걷히는데, 거친 비포장도로는 저 높은 산봉우리 쪽으로 계속 이어진다. 푸른 하늘과 햇살에 용기를 내 길을 오르기 시작

2 정상에 도착해 내려다본 길. 아, 내가 저 험한 도로를 구름 속을 뚫고 올라왔다니. 그나저나 정말 도로 폭도 좁고 위험천만한 게, 여름에만 다닐 수 있는 길임이 분명하다

3 뒤를 돌아보니 앞으로 달려가야 할 방향도 어디가 눈밭이고 어디가 길인지도 잘 구분도 안 가는 게 만만치 않은 모습인데, 그 너머로 펼쳐지는 구름바다의 풍경은 무심할 정도로 아름답기만 하다

"앗, 저 용 그림을 어디서 본 거 같은데, 어제 자기 전 읽은 책에 나왔던것 같아"

– 아 그래? 뭔가 이 지역의 심벌 정도 아닐까?

"아냐, 그 이상의 스토리가 있었어. 잠깐만 뒤져볼게."

산정도로 진입 구간에서 만난 지역 경계 표지판. 보프나 피오르 지역은 아이슬란드 동부의 시작점으로, 이후부터 용이 그려진 표지판이 자주 나온다. 새파란 하늘 아래 펼쳐진 아이슬란드 동부 산악 지형에 모락모락 피어오르는 구름들 사이로 언제라도 용이 날아오를 듯하다

구름 속을 뚫고 올라선 산정도로에서 만난 웰컴 싸인. 마치 '용의 나라에 오신 걸 환영합니다' 하는 느낌의 문양이 그려져 있는데, 마침 어제 저녁 텐트 안에서 잠이 잘 오지 않아 함께 열심히 읽어댔던 현지 가이드북에서 본 무언가를 아내가 용케 기억해냈다. 달리는 차 속에서 한동안 이리저리 짐을 뒤지더니 무언가 조그만 책자를 끄집어낸다.

"몇 페이지더라… 아, 여기 있다. 음, 무슨 신화 같은 이야기네. 들어봐. 아주 먼 옛날에 한 덴마크 왕이 아이슬란드를 침략하기 위해 한 정탐꾼을 고래로 변장시켜 보냈었대. 가장 먼저 도착한 곳은 아이슬란드 동쪽인데 여기엔 커다란 용이 지키고 있었더래. 고래는 계속 헤엄쳐 북쪽으로 갔더니 거기엔 거대 독수리가, 서쪽엔 황소가, 남쪽엔 거인이 각각 지키고 있어서 침략할 틈이 없었다는 거지. 그래서 아이슬란드는 덴마크의 침략에서 벗어날 수 있었다는 그런 전설이."
- 아항, 그럼 아이슬란드 주변에 고래가 그렇게 많이 보이는 건, 여전히 이 땅을 노리는 스파이가 많다는 뜻?

애써 맞장구 쳐줬건만 아내는 '뭐래…'하며 듣는 둥 마는 둥, 갑자기 차를 세워달라고 한다. 차문을 열고 내린 후 여기저기 사진도 찍고 주변의 눈덩이도 만지작거리며 마치 눈 오는 날 강아지마냥 좋아라 하는 아내. 뭐가 저리도 신이 난 걸까.

"아, 여기 너무 평화롭고 좋다. 용의 왕국에 도착하니 왠지 고향에 온 듯 맘이 무척 편한걸?"

잠시 무슨 말인지 의아해하다 이내 아내가 용띠라는 사실을 떠올렸다. 참 나 싱겁기는. 뭐 어쨌거나 이 머나먼 이역만리에서 맘이 편해지는 곳을 만나다니 다행이다. 저리도 행복해하는 모습을 보니 역시 만사 제쳐놓고 떠나오길 잘했다는 생각. 구름 덮인 산정도로의 풍경은 근사한 스토리와 함께 신비스러움이 깊어진다.

맑은 날씨 속 구불구불한 내리막 도로가 구름 속으로 이어진다.
북극권의 기복 심한 기암골과 험준한 지형이 연출해내는 구름 속 드라이브.
아이슬란드 여름 길 외곽도로에서 만날 수 있는 독특한 운전 체험이다

1 멀리서는 솜사탕처럼 포근해 보이
지만 정작 구름 속 날씨는 매우 거
칠다. 전방 가시권은 불과 몇 미터
정도, 게다가 세찬 눈비마저 흩뿌리
며 차창을 몰아친다. 시속 2킬로미
터 미만의 서행 운전은 필수

2 구름 지역을 벗어나면 언제 그랬
나는 듯, 다시 푸른 하늘이 모습을
드러내고 그 아래로 목가적 풍경
이 다시 펼쳐진다. 이보다 다이나
믹한 드라이브 코스가 또 있을까

3 포근한 구름 아래 내려 앉은 세이
디스피외르뒤르 마을의 평화로운
저녁 풍경. 산책하는 이들 대부분
은 관광객 차림이다. 영화 〈월터의
상상은 현실이 된다〉의 촬영지로
유명해진, 주민 수 불과 700여 명
의 이 마을을 찾는 관광객 수는 연
간 수만 명에 이른다

빛나는 천상계를 떠나 한치 앞도 보이지 않는 구름 속을 뚫고 다시 지상계로 강하. 마침내 오늘의 목적지인 아이슬란드 동쪽 끝 마을 세이디스피외르뒤르에 무사히 착륙했다. 장장 200킬로미터가 넘는 비포장 산악도로를 나름 긴장하며 운전했던 탓일까? 갑자기 삭신이 쑤셔오는 듯 피로가 몰려온다.

"뭔가 엄청난 하루였던 거 같아. 신세계를 발견한 느낌이랄까?"
- 어유 탐험가 나셨네. 그래 봤자 그냥 운전하고 사진 찍고 돌아다닌 건데.
"힝… 뭐 그렇긴 하지. 그래도 왠지 보람찬 느낌에 한번 든든하게 질러줘야 할 듯한데."
- 배고프다는 말 참 어렵게도 하네. 어쨌든 마침 저녁 해 먹기도 좀 피곤했는데 잘됐네. 우리 왕국에 온 기념으로 오늘은 특별히 내가 한 번 쏠게!

주머니 돈이 쌈지 돈인데 뭘 쏜다는 건지. 어쨌든 이래저래 의견 일치를 본 후, 일단 캠핑장에 들러 텐트를 먼저 치고 나서 세이디스피외르뒤르 마을 산책에 나섰다. 주변을 에워싼 커다란 산봉우리들에 나지막이 걸린 구름 덕에 모처럼 어둑어둑 포근해 보이는 고즈넉한 저녁 풍경. 오늘만큼은 근사한 식사에다 그럴듯한 분위기의 바를 찾아 풀코스 데이트 한번 즐겨주리라.

#구름 속을 내달리는 자동차
#오늘 달린 거리만 300킬로미터 #그중에 비포장만 200킬로미터

열째 날 쓴 돈 (원 환산 × 11)	
점심 (노던 라이츠 호텔 레스토랑)	3,140 ISK (34,540원)
주유	9,816 ISK (107,980원)
초콜릿 간식 (당이 떨어져서 보충)	450 ISK (4,950원)
저녁 (스카프트펠 레스토랑)	4,050 ISK (44,550원)
바(티 Grilla)	2,400 ISK (26,400원)
캠핑장 (2인 텐트)	2,700 ISK (29,700원)

1 최북단 마을 로파회픈의 노던 라이츠 호텔에서 맛본 '훈제 양 햄버거'. 역시나 한 접시에 3만 원이 넘는 비싼 가격이지만 맛은 일품으로 풍부한 육즙의 부드러운 양고기가 입안에서 스르르 녹아내린다

2 세이디스피외르뒤르 마을의 '스카프트펠(Skaftfell)' 레스토랑에 저녁을 먹으러 들어갔는데 역시나 가격대가 만만치 않다. 가성비 좋은 메뉴를 찾다가 장고 끝에 결정한 피자와 맥주! 이 머나먼 북유럽 땅에서도 역시 '피맥'은 항상 진리다. 한국 물가와 그나마 비슷한 메뉴는 피자뿐. 여행 다니며 저렴한(?) 비용으로 둘이서 든든히 먹기에 이만한 게 없다

3 아담하고 캐주얼한 분위기의 레스토랑 내부. 자유롭게 가지고 놀 수 있게끔 놓여 있는 보드게임이 인상적이다. 여행 직후에 오픈한 레스토랑 분위기 연출에 많은 영감을 준 또 하나의 장소. 식당 뒤로 돌아가면 벽면이 온통 음악 포스터 등으로 도배된, 사뭇 다른 분위기의 바 공간이 따로 마련되어 있다. 맛있는 음식과 놀이, 그리고 음악이 자연스럽게 어우러지는 공간

4 레스토랑 벽면 한편에 놓여 있는 턴테이블과 LP들. 아, '용의 왕국' 땅끝 마을 식당에서 〈Puff the Magic Dragon〉이란 히트곡으로 유명한 피터, 폴 앤 매리의 앨범을 만나게 된 건 단지 우연일까? 아니면 레스토랑의 은근한 연출일까?

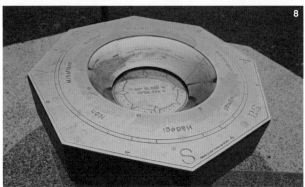

5 2차로 한잔 하기 위해 마을 한복판에 위치한 바 'El Grilla' 에 들렀다. 이곳에서 국민가수 '비요크'의 이름을 딴 아이슬란드 전통주를 발견. 북유럽 곳곳에서 맛본 이 지역 증류주 슈납스는 대부분 소위 '판피린' 향이 강하게 나는 감기약 같은 맛인데, 실제로 마시면 졸음이 몰려오고 푹 자고 일어나면 전날의 감기 기운이 가시며 개운해지는 효과가 있다. 함께 한 잔씩 사 마시고 캠핑장으로 귀가

6 아이슬란드 영역을 여섯 구간으로 나누어 구역별로 상세 정보를 담고 있는 현지 투어 가이드 책자. 레이캬비크의 인포메이션 센터에 가면 무료로 '득템'할 수 있다

7 동부 지역 투어 가이드 책자에 나오는 '동쪽을 지키는 용'의 신화 이야기. 인터넷에서도 얻기 힘든 현지의 정보와 아기자기한 이야기들이 조그만 책자에 깨알같이 담겨 있다

8 마을 한편에 놓여 있는 지형 표지물. 자세히 살펴보면 현 위치의 정확한 방위와 주변 지형의 명칭에 이르기까지 많은 정보를 직관적으로 알기 쉽게, 아주 세세하게 담고 있다. 불필요한 외관 같은 곳에는 힘을 빼지만 필요한 정보 전달에는 디테일을 기하는 '외유내강'의 미니멀리즘이 새삼스레 또다시 느껴지는 조형물

9 캠핑장 내 텐트 곁에 세워진 여행 이동 수단의 모습들. 모터사이클, 트랙터, 군용 차량 스타일의 캠퍼 밴에 이르기까지. 캠핑장 로비에서 대충 들어도 약 10개 국어 정도의 대화가 오가는데, 관광객들의 국적 수만큼이나 그 형태가 다양하다

10 와중에 가장 평범한 캠핑족인 우리 부부, 나지막이 내려 앉은 구름을 지붕 삼아 한구석 조용한 곳에 둥지를 틀었다. 이제는 꽤나 익숙해진 텐트 속에서 밀려오는 졸음과 함께 스르르 꿈나라로

퍼프, 마법의 용은 바닷가에 살고 있었지
호날리라는 나라의 가을 안개 속에서 함께 장난치며 놀았지
그 용은 영원했지만, 소년들은 그러지 못했지
울긋불긋한 날개와 거대한 반지는 다른 장난감들에게 자리를 내줘야 했지

- 피터, 폴 앤 매리의 〈퍼프, 마법의 용〉 중에서

Puff, the magic dragon lived by the sea
And frolicked in the autumn mist in a land called Honahlee
A dragon lives forever but not so little boys
Painted wings and giant rings make way for other toys

- Peter, Paul and Mary, 〈Puff, the Magic Dragon〉(1963)

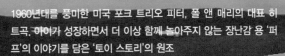

1960년대를 풍미한 미국 포크 트리오 피터, 폴 앤 매리의 대표 히트곡. 아이가 성장하면서 더 이상 함께 놀아주지 않는 장난감 용 '퍼프'의 이야기를 담은 '토이 스토리'의 원조

Day 11

태산이 바다를 만날 때

───────────

아이슬란드 동남부, '세이디스피외르뒤르' ~ '회픈'

○ 세이디스피외르뒤르

 3h 49min
281km

○ 회픈

직접 눈으로 보지 않고서는 어떤 사진이나 영상으로도

숨이 턱 막히는 풍경을 설명할 길이 없다

잠들기 전까지 산 중턱까지 낮게 걸려 있던 구름은 온데간데없이 새파란 하늘 아래 드러나는 캠핑장 풍경. 싱그럽고 화창하기 그지없다. 어제 저녁에 돌았던 코스 그대로 마을을 다시 한번 돌아보았는데, 어제와는 완전 다른 풍경이다. 빨강 파랑 계열의 파스텔 톤을 많이 쓰는 곳곳의 건물들은 강렬한 북유럽 여름 햇살을 받아 그 진가를 드러내며 동화 속 마을로 반짝반짝 변신!

눈을 떠보니 온통 환해진 텐트 안. 오늘은 화창하게 맑은 날씨다. 텐트 깃을 걷고 밖으로 나와 기지개를 켜며 주위를 한번 둘러보니, 어라? 어제와는 완전 다른 마을이다. 역시 여행 경치의 절반은 날씨라더니.

오늘도 갈 길이 멀다. 서둘러 떠나기 위해 열심히 텐트를 걷고 있는데, 아침 햇살 속에 피크닉 테이블을 펼쳐놓고 여유로운 커피 한잔을 즐기며 우리를 물끄러미 쳐다보고 있던 옆 텐트 캠핑족 아저씨들이 문득 말을 건넨다.

"어디서 왔어요?"
- 아, 저희요? 한국에서 왔어요. 노스 아닌 사우스 코리아. 그쪽은요?
"우리는 프랑스에서 왔어요. 한국은 가본 적 없는데, 여행 다니기 좋은 나라인가요?"
- 아, 네. 음, 일단 안전해요. 총기는 없는데, 자동차가 많아서 길가 다닐 때 조심만 하면 되죠. 음식도 다양하니 맛있고….
"음, 그렇군요. 그런데 영어는 전반적으로 잘 통하나요? 우리 같은 캠핑족들이 거기서 막 자동차로 돌아다녀도 괜찮을까요?"

갑자기, 잠시 생각에 빠졌다. 그렇구나. 맛나고 좋은 음식, 좋은 경치 다 좋지만, 캠핑족들에게는 일단 의사소통이 가능한지가 '여행하기 좋은가?'에 대한 첫 번째 조건인 거다. '바벨탑의 저주'로 생겨난 언어 장벽은 미지의 지역으로 자유롭게 떠나고픈 이들에게는 가장 큰 장애물인 게 사실. 그렇다면, 우리나라는 이런 자유 여행족들에게 어떤 관광지일까? 나름 영어 표식도 열심히 해놓고, 젊은이들을 중심으로 보편적 영어 구사 능력도 옛날보다 훨씬 나아진 게 사실이지만, 여전히 외국인의 눈에는 복잡 불편한 거리 표지판들과 특히 운전하고 다니기엔 너무나도 헷갈리게 설치되어 있는 신호등이 떠오르면서, 이들에게 자신 있게 '전혀 문제없어요. 언제든 놀러 오세요'라 고 이야기하기에 좀 찔린다.

역으로 이 나라, 아이슬란드의 의사소통 측면에서 본 자유여행 여건은 어떤가? 따로 아이슬란드어가 있는 이들에게도 영어는 역시 외국어다. 하지만 며칠 돌아다니며 의 사소통의 불편함을 느낀 적은 손에 꼽을 정도로 적다. 물론 교통표지판상의 지명들은 죄다 아이슬란드어지만 어쨌든 익숙한 알파벳이라 지도상 정보와의 비교 식별이 용 이하고, 그 외 주요 일반 표식들은 영어 또는 이해가 쉬운 상징 기호를 병기한다.

관광지에서의 영어 의사소통 또한 그동안 거의 문제 없었는데, 이유는 이곳에서 일 하는 직원들 대부분은 아이슬란드 사람들이 아니기 때문이다. 새하얗고 투명한 피부 가 특징인 아이슬란드인들은 레이캬비크를 벗어난 관광지에서는 오히려 만나기 힘 들다. 영어 악센트나 체형, 외모로 미루어 짐작해볼 때 가장 많이 보이는 사람들은 동유럽 쪽 친구들인 듯. 그 외 시골에서 만난 이에게 길을 묻거나 혹은 외딴 마을 캠 핑장에서 수금하는 아주머니 같은 분을 만날 때면 영어 소통이 만만치 않다.

전반적으로 아이슬란드인들은 다른 북유럽 국가 사람들에 비해 평균적으로 영어를 잘 못한다. 심지어 레이캬비크의 한 통신사 대리점에 들어갔을 땐 대여섯 명 되는 젊 은 직원 중 영어로 의사소통이 가능한 사람이 한 명밖에 없었다. 어쩌면 당연하다.

육지에서 멀리 떨어진 섬나라고, 세상의 주목을 받기 시작한 지 얼마 안 된 나라 아 닌가.

이런 경우도 있었다. 며칠 전, 레이캬비크 캠핑장 리셉션 대기줄에서 우리 바로 앞에 선 아주머니가 아이슬란드어로 짐작되는 언어로 리셉션 데스크 직원에게 뭔가 질문 을 했는데 직원이 영어로 이렇게 대답했다.

"죄송한데, 저 스웨덴 사람이에요. 아이슬란드어 이해 못해요."

이건 마치 남산타워 한식당에서 주문을 하려는데 직원이 미안하지만 자기는 한국말 을 못한다고 영어로 말해달라고 하는 꼴이다. 지금은 상상하기 힘들겠지만, 요즘 급 증하는 한국 내 외국인들의 추세를 볼 때 어쩌면 우리나라에서도 곧 접하게 될지 모 르는 풍경. 아닌 게 아니라 요즘은 한국 내 식당에서도 가끔 한국말이 서툰 외국인 노 동자를 곧잘 만나곤 한다. 어쩌면 최근 전 세계에서 몰려들고 있는 관광객들로 인해 몸살을 앓고 있는 이 아이슬란드의 모습은 우 리와 살짝 닮아 있는 것 같기도 하다.

#다양한 상징 기호 #말하지 않아도 알아요

어쨌든, 텐트를 마저 접으며 이 프랑스 캠핑 족들에게 이런저런 한국의 관광 조건에 대한 이야기를 좀 더 들려준 후, 안녕을 고하고 오 늘의 여정에 다시 올랐다.

1 영화 〈월터의 상상은 현실이 된다〉의 주인공이 그 유명한 '롱보드' 장면 끝에 도달하는 카페. 이 세이디스피외르뒤르 마을로 넘어오는 진입로에서 실제 롱보드 신을 촬영했다

2 자동차로도 한 30분 정도 걸리는 언덕길을 자전거로 오르고 있는 캠핑족 커플. 아이슬란드 구석구석의 가장 외진 도로에서도 꼭 마주치게 되는 이 자전거 캠핑족들은 어찌 보면 세상에서 가장 부러운 '시간 부자'들이다

3 영화 속 롱보드 신에서 인상적으로 등장하는 폭포, 'Gufufoss'. 긴 오르막길의 중간 지점에 위치하고 있어 바이커들이 꼭 쉬어가는 곳이다. 도로 폭이 좁고 주차 공간이 협소해 많은 차량들이 그냥 서행으로 지나치며 사진만 찍기도 한다

어젯밤 낑낑대며 내려왔던 내리막길은 영화 〈월터의 상상은 현실이 된다〉의 명장면, 스케이트보드 신을 찍은 곳이다. 늦은 시간이라면 길 위에 차도 적고, 쳐다보는 이들도 별로 없을 것 같아 뭐라도 해보려고 일부러 밤에 맞춰 도착했건만, 내리막 구간 전체를 덮은 안개 때문에 어디가 어딘지도 모른 채 어느새 마을까지 도착해버렸더랬다.

어제 들어온 길로 다시 차를 몰아 올라갔다. 한 10분 정도 달리니, 영화 장면 속 바로 그 폭포가 나타난다. 어제는 안개 때문에 어디 있는지 보이지도 않더니, 화창하게 갠 오늘은… 젠장, 많은 자전거 캠핑족들에다 관광객 차량들까지, 득실득실 사람도 많다.

'에라, 모르겠다. 여기까지 와서 부끄러움은 무슨….'

차들이 지나가지 않는 타이밍을 노려 또다시 몹쓸 재연 사진 감행! 왠지 실실 웃으며 쳐다보는 듯한 관광객들의 시선을 뒤통수에 잔뜩 느끼며, 냅다 줄행랑으로 차를 몰고 마을을 빠져나갔다.

결국 재연하고야 만 영화 장면. 제대로 된 촬영각을 잡기 위해 차가 오지 않는 틈을 타 길 한복판에서 재빨리 찍어야 했는데, '발연기'에 몰두하는 남편보다 바로 앞에서 카메라로 사진을 찍고 있는 아내가 더욱 더 부끄러워한다

1 언덕을 넘기 직전 가장 먼 곳에서 내
려다보이는 세이디스피외르뒤르 마
을의 전경. 완만하고 부드럽게 내려
가는 내리막길이 롱보드 신을 찍기에
더할 나위가 없는 지형이다. 영화감독
이 이곳을 발견했을 때 얼마나 쾌재
를 불렀을까

2 언덕을 넘어가는 산정도로 곁의 만년
설 구간. 차에서 잠시 내려 눈밭 사이
로 흐르는 빙수천이 너무나도 맛보고
싶어지는 자태인데, 갓길 주차를 못
하도록 안전바가 세워져 있다. 웬만
하면 자연 그대로 보존하는 아이슬란
드 도로에서는 보기 힘든 시설물인
데, 워낙 짙은 안개가 잦은 구간이라
그런 듯

1 서행으로 달리며 찍은 풍경임에도 강렬한 햇살과 눈밭의 반사광이 공조한 완벽한 자연광 효과로 인해 사진이 선명하고 깨끗하게 나온다. 개떡같이 찍어도 찰떡같이 나오는 여행 사진, 아이슬란드 여름 길이 선사하는 또 하나의 선물이다

2 언덕을 넘어가면 잠시 후 나타나는 해안도로, 아이슬란드를 한 바퀴 도는 메인도로 링로드 주행 코스 중 바다를 끼고 가장 오랫동안 이어 달릴 수 있는 남동부 구간의 시작점이다

계속하여 동부 피오르 지역 외곽도로를 달리기 시작했다. 평화롭고 장엄한 느낌의 서부 피오르와는 또 다른, 섬세하고 어딘가 포근한 느낌이 든다. 길이 내륙으로 살짝 들어가며 높은 산을 넘기도 하고 까마득한 절벽 위를 달리기도 하는 게 훨씬 더 아기자기하고도 아슬아슬하다.

1 합성이 아니다. 저 멀리 공중에 떠 있는 듯한 지형은 훨씬 더 북쪽 고원 지대로 한겨울 풍경, 이곳 해안가의 푸르름과 깊은 대조를 이룬다. 한 공간에서 공존하는 사계절을 볼 수 있는 아이슬란드의 흔한 여름 풍경

2 깎아질러 내리는 화산재 비탈길이 바닷가로 곧장 이어져 있다. 먼 옛날 아이슬란드 동남부 지역의 화산 활동이 얼마나 격렬했는지 짐작케 하는 자태

2

"어머, 저기 좀 봐. 정말 커다란 용이 구름을 내뿜고 있어!"
-뭐? …이것 봐. 운전 도중에 그런 거짓말로 사람을 놀라게 하면 위험하다구….

하면서 차를 잠시 갓길에 세우고 바라다본 풍경은 울퉁불퉁 거친 화산봉우리들 사이를 감돌며 마치 산에서 피어오르는 듯한 구름의 모습인데, 제법 그럴 듯하다. 머나먼 바닷길로 정탐을 온 옛 덴마크 사람들이 궂은 날씨 속 먼 바다에서 이 모습을 봤다면 정말 거대한 용이 콧김을 뿜어내고 있는 듯한 형상으로 보였을는지도. 문득 어제 나누었던 아이슬란드 수호신 전설 이야기가 아주 근거 없이 만들어진 게 아닐 수도 있겠다는 생각이 들었다.

1

1 저공 비행하며 흘러가던 구름
  이 뾰죽뾰죽 해안가 분화구 지
  형을 스르르 타넘어가고 있다.
  혹은, '축 늘어져 엎드린 용이
  거대한 콧김을 뿜어내고 있다'

2 카메라 줌으로 바짝 당겨 찍
  어본 산 정상의 모습. 저 구름
  안에는 아마도 천둥 번개와
  함께 눈이 내리고 있을 듯한
  데, 정상의 만년설이 수갈래의
  물줄기로 녹아내리고 있다

차에 올라 다시 달리기 시작한 아이슬란드 링로드의 남동부 해안도로 구간. 급격한 화산 활동이 잦았던 곳인 만큼 이쪽 바닷가는 서부나 북부보다 지형이 더욱 거칠고 가파르다. 해안도로 자체도 내륙으로 살짝 들어가며 높은 봉우리를 하나 넘기도 하고 어느새 다시 까마득한 해안가 절벽 위를 달리기도 하는 게 꽤나 아슬아슬하고 다이내믹한 느낌. 오늘의 운전 경로는 특별한 볼거리가 표시되어 있지 않았기에 그냥 편안하게 천천히 이동하면서 '하루 쉬어가는 구간' 정도로 생각했건만, 역시나 큰 오산이었다. '그래, 어디 한번 그냥 지나쳐보렴' 하는 식으로 무심코 눈앞에 툭툭 등장하는 아찔한 풍경들 탓에 가다 서기를 수차례 반복. 아침에 출발해서 고작 200여 킬로미터 정도 달려왔건만 어느새 시간은 한참 늦은 오후다. 점점 더 늘어지는 여정에 크게 한몫하는 건 여전히 중천에 머물러 있는 북유럽의 여름 태양.

하긴 이러고자 이 계절에 온 거 아닌가. 자동차도 여유 있게 빌리고 숙소를 미리 잡지 않은 이유도 마찬가지. 멈춰진 시간 속에서 한없이 정신을 잃어도 전혀 두려울 게 없는 곳, 바다가 갈라지고 태산이 바다와 맞닿아 있는 북쪽 세상 끝 아이슬란드의 여름 길 위를 우리는 그렇게 마음껏 헤매기 시작했다.

1 홍해가 갈라지듯, 바다를 양쪽으로 가른 땅이 수평선까지 이어져 있다. 상식을 뒤집는 이런 기묘한 풍경들이 아이슬란드에는 구석구석, 그야말로 마구잡이로 널려 있다

2 회픈(Hofn) 지역의 해안가에 구름을 품은 채 우뚝 서 있는 태산 하나. 영화 〈스타더스트〉* 속 마법의 영토, '스톰홀드'의 랜드마크로 나온 풍경인데 그 비현실적인 느낌이 역시나 합성이 아니었다

*〈스타더스트〉: 미셸 파이퍼, 클레어 데인즈, 로버트 드니로 주연의 판타지 영화. 미지의 마법 세계 묘사를 위해 당시 널리 알려져 있지 않던 땅인 아이슬란드를 촬영 장소로 개척하였다

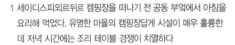

열하룻 날 쓴 돈
(원 환산 × 11)

장보기	9,504 ISK
(고기, 부탄가스 등)	(104,540원)
음료수	650 ISK
	(7,150원)
회픈 캠핑장	2,400 ISK
(2인 텐트)	(26,400원)

1 세이디스피외르뒤르 캠핑장을 떠나기 전 공동 부엌에서 아침을 요리해 먹었다. 유명한 마을의 캠핑장답게 시설이 매우 훌륭한데 저녁 시간에는 조리 테이블 경쟁이 치열하다

2 하루 종일 운전길에 나서기 전의 '아점' 메뉴는 '쏘시지 야채볶음'. 캠핑장 아침 요리로서는 최고 레벨의 만찬이다

3 저녁에는 결국 예상했던 도착 지점보다 훨씬 못 미친 회픈 마을에서 캠핑장 숙소를 잡았다. 어떤 편의 시설이 갖춰져 있는지 직관적으로 바로 알 수 있게 되어 있는 표지판이 매우 인상적

4 캠핑여행이 길어질수록 계속 고기가 당긴다. 마을 슈퍼에서 큰맘 먹고 산 양념 소고기 팩. 손이 많이 간 제품이라 그런지

700그램에 6만 원 정도로 꽤 비쌌지만 그래도 전혀 후회 없는 맛. 그런데 함께 구매한 휴대용 숯불 화로에 불을 붙이긴 했는데, 두꺼운 고기를 굽기에 화력이 턱도 없이 약하다. 이를 어쩐다

5 고민 끝에 결국 부탄 가스통에서 나오는 불을 고기 위에 그대로 작렬! 부탄 가스불 직화 구이라. '괜찮을까?' 싶기도 하지만, 다른 대안도 없고 뭐 설마 먹고 죽기야 하겠어 하는 마음으로 계속 굽는데 걱정과는 달리 아주 먹음직스럽게 잘 익기만 한다

6 회픈 캠핑장에서 나누어 주는 '체크인 스티커'. 비용을 지불했다는 증거로 텐트 한쪽에 반드시 부착해야 하는데, 보통 마을이 위치한 피오르 명칭이 함께 표시되어 있다

7 캠핑장에서 캠핑장으로 이어진 하루. 길 위를 운전하고 돌아다니며 사진만 찍는 것만으로도 전혀 지루하지 않다. 아이슬란드의 여름이란 그런 곳이다

뚝딱 강 여사의 "오늘의 캠핑요리"
소고기 채끝 등심 구이와 배추 된장국

재료
채끝 등심, 오이, 상추, 고추장 또는 고춧가루, 배추, 된장, 멸치다
시다, 대파, 마늘

조리법
1. 등심은 셋째 날 요리의 돼지고기와 같은 방식으로 밑간을 하
   여 굽는다 (바비큐 그릴이 있는 캠핑장이어서 바비큐로 구웠다)
2. 냄비에 쌀뜨물을 끓이고(국그릇으로 4개 정도 분량), 끓기 시작하
   면 바로 된장 한 스푼과 고추장 또는 고춧가루 반 스푼을 푼다
3. 씻어서 썬 배추와 어슷썰기한 대파, 다진 마늘, 멸치다시다
   를 조금씩 넣고 푹 끓인다. 배추가 흐물흐물 해질 때까지!
4. 맛을 보면서 물을 추가하거나 소금, 후추로 간을 맞춘다

굽이쳐 흐르는 천사의 머릿결
하늘에 떠 있는 아이스크림 캐슬
계곡을 수놓는 새하얀 깃털
이전에는 구름이 그렇게만 보였지

하지만 이제는 알아
구름은 태양빛을 가리고
사람들에게 비와 눈을 뿌리며
많은 일을 하는 데 방해가 되기도 한다는 걸

어쩌면 세상사 구름과 같아
좋고 나쁜 양면이 있지
우리가 보는 건 구름이 만드는 환영일 뿐
진짜 구름이 뭔지는 알기 힘들지

– 조니 미첼의 〈인생의 양면〉 중

캐나다 싱어송라이터 조니 미첼의 대표곡. 아카펠라 그룹
'Unlimited Singers'가 리메이크한 버전이 국내 한 의류 광고에 삽
입되며 한국 대중에게도 널리 알려진 바 있다. 삶의 양면성을 노래
하는 철학적인 가사 내용이, 아찔할 정도로 아름다우면서 한편으로
는 위험스럽기도 한 아이슬란드의 여름 풍광과 잘 어울린다

Rows and flows of angel hair
And ice cream castles in the air
And feather canyons everywhere
I've looked at clouds that way

But now they only block the sun
They rain and snow on everyone
So many things I would have done
But clouds got in my way

I've looked at clouds from both sides now
From up and down and still somehow
It's cloud's illusions I recall
I really don't know clouds at all

- Joni Mitchel, ⟨Both Sides Now⟩(1969)

Day 12

얼음나라의 유럽인들

'회픈' ~ '요쿨살론' ~ '스카프타펠' ~ '카틀라' 호텔

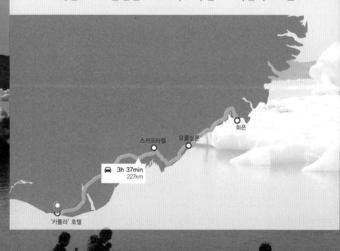

스카프타펠   요쿨살론   회픈

🚗 **3h 37min**
227km

'카틀라' 호텔

어떻게 저렇게 커다란 얼음 덩어리들이 둥둥 떠다닐까?

게다가 색깔은 어찌 저리도 파랄까?

"와~ 저 반짝반짝하는 것 좀 봐."
- 그러게, 완전 신기할 정도로 새파랗네.

자동차가 요쿨살론에 가까이 갈수록 점점 더 다가오는 믿기지 않는 풍경에 어쩔 줄 모르는 어린아이 같은 감탄사가 절로 나온다. 어떻게 이곳에만 저렇게 커다란 얼음 덩어리들이 호수에 둥둥 떠다니게 된 걸까? 게다가 색깔은 왜 저리도 파란 걸까?

궁금증이 해소될 것이라는 기대를 안고 보트 투어에 올랐다. 보트가 출발하니 거대한 빙암들이 손에 잡힐 듯 더욱더 다가온다. 가까이서 봐도 여전히 파란 각양각색 얼음들의 모습에 마냥 신기해하고 있을 즈음, 영화 〈여인의 향기〉에서 알 파치노와 함께 탱고를 추던 여배우를 쏙 빼닮은 한 가이드가 등장, 유고슬라비아 어드메 정도 느낌의 구수한 영어 악센트로 우리를 반긴다.

"이 요쿨살론 지역은 산꼭대기부터 형성되어 조금씩 흘러내리는 빙하의 종점 하구인데요, 얼음들이 파란색으로 보이는 이유는 덩어리가 큰 빙암이 만들어내는 빛의 굴절 현상이에요. 제가 지금 손에 들고 있는 얼음이 바로 저 빙암에서 깨어낸 조각인데 보통 얼음과 다를 바 없는 색깔이죠. 한번 만져보시겠어요?"

물어보지도 않은 궁금증들을 저리도 단방에 해소해주다니. 관광객들이 건네받은 얼음 덩어리를 서로 돌려가며 이런저런 포즈로 사진을 찍는 동안 개별 질문 하나하나에 일일이 친절하게 응대한 후, 마지막으로 꿀잼 영화 이야기 하나를 덧붙인다.

1 아이슬란드 1번 도로상에서 곧장 바라다보이는 요쿨살론의 풍경. 난생 처음 눈앞에 펼쳐지는 기묘한 광경에 도착하기도 전에 '우와, 우와~' 소리가 절로 마구 터져나온다

2 호수 안으로 진입하는 수륙 양용 보트. 30여 분 투어에 6만 원 정도로 가격은 만만치 않지만, 대부분의 아이슬란드 투어 프로그램이 그러하듯 '생애 한 번 정도'는 해볼 만하다

3 한 사람 한 사람의 질문에 일일이 자세히 응대해주는 가이드 언니. 관광객들은 뭐가 그리도 궁금한 게 많은지 질문이 끊이지 않는다

4 거북이 형체를 꼭 닮은 빙암. 보통 이쯤이면 별칭 정도 하나 붙을 만한데, 시시각각 빙하로부터 떨어져 나와 각양각색으로 흘러나오는 빙암들에 이름 따위가 있을 리 만무하다. 마치 호수에 떠다니는 구름 같은 존재랄까

5 위험할 것 하나 없는 투어지만 혹시나 발생할지 모르는 돌발 사태를 대비해 고무 보트 한 대가 내내 뒤를 졸졸 따른다. 엉성하기 그지없지만 안전수칙만은 철저히 지키는 시스템

바다로 연결되는 요쿨살론 하구의 풍경.
크기가 작아진 얼음들이 하구의 물살에 쓸려 바다 쪽으로 이동해가고 있다.
저 멀리 보이는 산정 빙하가 이곳에 도달하기까지 걸린 시간은 수천, 아니 수만 년에 이를지도

"〈007 다이 어나더 데이〉란 영화 보신 분들 계시죠? 거기 나오는 빙판 자동차 추격신을 여기서 찍었어요. 보다시피 이곳은 호수처럼 생겼지만 사실은 한쪽이 뚫려 곧장 바다로 연결되어 있는 만 지형이에요. 바다의 염분 덕에 이렇게 얼지 않을 수 있는 건데, 영화 촬영을 위해 겨울에 3주 정도 하구를 막아 이 호수 전체를 실제로 얼려서 촬영했더랬죠. 맞아요! 그 모든 장면들이 컴퓨터그래픽이 아닌 실제였던 거예요."

흥미롭고 유익한 투어는 그렇게 끝났지만, 왠지 이대로 떠나기가 아쉬워 호수가 연결된 바닷가로 발걸음을 옮겼다. 아이슬란드의 강렬한 여름 햇살에 크기가 줄어든 얼음들이 둥둥 호수를 빠져나와 바닷가에 둥지를 틀거나, 혹은 삼삼오오 대오를 이뤄 저 멀리 대양 한가운데로 멀어지는 모습들. 어떻게 보면 산꼭대기에서 태어난 웅장한 빙하 조각들이 겪는 수백만 년 생애 끝의 장엄한 최후를 지켜보는 것 같아 괜스레 숙연해지기까지 한다. 하긴 어차피 물에서 와서 다시 물로 돌아가는 걸 텐데. 죽음이 소멸 아닌 자연으로의 환원이라는 말이 이보다 더 어울리는 풍경이 또 있을까.

"여보세요, 작가님. 뭘 그리 멍하니 바다를…. 머릿속으로 또 글 쓰고 있지? 그만 떠나야 하지 않을까? 우리 이러다 다음 일정 놓치겠어."

아내의 말에 정신이 번쩍 든 남편. 개똥 철학자 모드에서 다시 관광객 모드로 돌아오며 서둘러 다음 장소로 향했다.

1 따스한 여름 햇살과 바다 염분에 빠른 속도로 녹아내린 빙암들이 해안가로 밀려나와 최후를 맞으며 서서히 녹아내리고 있다. 왠지 숙연해지는 듯, 관광객들 대부분 숙연한 표정으로 풍경을 감상하는 분위기

2 어떤 빙암들은 올라 서볼 수 있을 정도로 꽤 큰데, 표면이 무척 미끄럽고 울퉁불퉁해 발목을 삐지 않도록 조심해야 한다. 물론 아예 시도하지 않는 게 가장 안전하겠지만

3 북극해로 흘러나가는 빙암들. 그 장엄한 최후를 기리듯 수많은 갈매기 떼들이 하늘을 가득 메우고 있다. 물론 이들의 관심사는 빙암 사이를 헤엄쳐 다니는 청어 떼들이겠건만, 어쨌거나 풍경만은 매우 그럴싸하다

비현실적 풍경의 요쿨살론을 떠나 링로드를 따라 서쪽 방향으로 30분 정도 달리니 또다시 전방에 더욱 수상한 장면이 펼쳐진다. 저 멀리 지평선 끝, 녹음이 푸르른 거대 산들 사이로 새하얀 물체가 흘러내리고 있는 형국인데 다가갈수록 서서히 드러나는 정체. 바로 거대 빙하폭포, 글래시어다. '아이슬란드 영화 촬영지 투어'의 대미를 장식하는 이 섬의 최대 빙하 지역, 스카프타펠(Skaftafell) 국립 공원 구간으로 접어드는 순간.

'빙하 위 걷기 체험' 운영 사무실을 찾아가 프로그램을 신청한 후 버스에 오르니, 이번엔 훤칠한 외모의 곱슬머리 청년이 차에 홀쩍 올라탄다. 매우 강한 프랑스 억양의 영어로 자기소개를 간단히 마친 후 다시 30분 정도 산 방향으로 버스를 몰아 달리니 어느새 빙하의 끝자락에 도달. 다른 일행들과 함께 스파이크를 차고, 펭귄 걸음으로 얼음 위에 올랐다. 걸어 들어간 지 10분 정도 지나자 녹지와 흙빛 토지는 점차 시야에서 사라지고 어느새 온통 검은 화산재로 얼룩진 빙하 지역에 도달했는데, 아! 이 풍경 어디서 본 듯하다. 바로 영화 〈인터스텔라〉에서 만 박사가 발견한 행성의 바로 그 풍경! 맷 데이먼이 연기한 만 박사가 스스로의 생존을 위해 자기를 구출하러 온 일행을 배신하며 매튜 맥커너히가 연기한 쿠퍼를 빙하 언덕 아래로 밀어 던져버리던 충격적인 장면을 찍은 바로 그곳이다. 행성의 하늘에 오묘하게 떠 있던 얼음 구름만 컴퓨터 그래픽이었을 뿐 혹독한 추위와 황량함이 고스란히 담긴 얼음 땅 풍경은 이곳의 오롯한 실제 모습 그대로였던 것이다. 눈앞에 펼쳐지는 SF 영화 속의 한 장면 속으로 걸어 들어가는 우리들을 이끌며 선두에 앞장선 곱슬 오빠, 중간중간 돌아보며 일행의 안전도 체크하고 이런저런 설명과 함께 자유롭게 질의응답을 주고받기도 한다.

1 1번 도로를 떡하니 가로막은 듯, 눈앞에 펼쳐진 초현실적 풍경. 바로 아이슬란드의 최대 빙원 구간 바트나요쿨(Vatnajokull)의 남부 지역인 스카프타펠 국립 공원 끝자락 모습이다. 바트나요쿨의 넓이는 남한 크기만 한 아이슬란드 전체 영토의 8퍼센트를 차지한다 하니 우리나라로 치면 전라북도 전체 정도의 면적이 얼음으로 덮여있는 셈

2 이 정도 크기이니 명칭들도 거의 행정구역 수준인데 바트나요쿨이 '도(道)'라면 스카프타펠은 이에 속해 있는 '면(面)' 정도로 생각하면 된다. 모두 국립 공원으로 불리기에 처음 들면 어디가 어딘지 꽤나 혼란스럽다

3 버스에 오르기 전, 아이젠(부츠에 덧신는 스파이크. 독일어에서 온 외래어인데 영어 명칭은 'Crampons'이다. '아이젠 주세요' 하면 소통 불가)의 착용 방법을 한 명씩 자세히 알려준다. 훈남 청년의 일대일 설명을 듣는 동안 입가에서 미소가 떠나지 않는 아내

1 드디어 도착한 빙하 지역 진입로. 시작 지점에 있는 안내판에는 실제 실종된 관광객의 사례를 들어가며 여러 주의 사항이 써 있다. 필수 보호 장비인 헬멧과 아이젠, 얼음 도끼는 현장에서 제공되며 로프가 달린 '하네스'는 초보 빙하 걷기 코스에서는 불필요하다

2 안내판 앞에서의 첫 번째 오리엔테이션이 끝난 후 빙하 지역으로 걸어서 이동하기 시작. 살벌한 사례와 이야기를 들어서일까. 마치 행성 탐사라도 나서는 듯 살짝 긴장감마저 감돈다

3 잠시 후 눈앞에 펼쳐지는 빙원의 모습. 영화 속 풍경 바로 그대로다

4 당부만으로는 부족한 걸까. 깊이 파여진 크레바스 지형을 한 명 한 명씩 직접 보여준다. 이때 가이드가 몸을 수그리는 관광객의 팔을 꽉 잡아주는데, 코스에서 가장 긴장되는 순간이다. 끝과 깊이를 알 수 없는 얼음 틈바구니. 매년 위치가 조금씩 바뀌기 때문에 더욱 위험한데, 언젠가 한 번은 이런 틈바구니에 빠진 사람이 30킬로미터 떨어진 바닷가 하구에서 발견된 적도 있다고 한다

아, 정말 아무런 필터를 쓰지 않고
막 찍은 사진 그대로 그냥 곧바로 영화 속 행성 풍경 그 자체다.
이렇게 신기할 수가

"이렇게 간단한 걷기 프로그램 이외에 또 어떤 코스가 있나요?"
- 음, 좀 더 긴 하이킹을 하며 짧은 빙벽을 타고 오르기도 하는 코스도 있어요. 근데, 장비도 훨씬 복잡하고 사전 훈련에 드는 시간도 좀 더 길죠.

음, 차가운 얼음벽에 한 시간 넘게 바짝 붙어 있어야 한단 말이지. 추운 것도 그다지 좋아하지 않는 우리인데, 저건 평생 해볼 일 없겠다는 생각이 들었다.

"얼음동굴도 있다던데, 위치가 어디쯤인가요?"
- 아, 그건 겨울에만 볼 수 있는데 위치는 매년 달라져요. 여름에 얼음이 녹으며 같이 사라졌다가, 겨울이 찾아오면 이전과 조금씩 다른 곳, 다른 모습으로 또다시 생겨나죠. 11월경이 되면 얼음동굴과 위험 지역 등을 점검하기 위해 탐험조가 먼저 떠나는데, 이 직업의 가장 흥미진진한 부분이죠.

역시나 영화 이야기도 빠지지 않는다.

"몇 년 전인가, 여기서 〈인터스텔라〉 촬영할 때 참 재미있었죠. 2주 정도 공원 전체를 문 닫고 찍었는데, 영화 제작사에서 투어 전체 비용과 가이드 월급까지 다 지불해줬어요. 그것도 원래 버는 돈보다 훨씬 더 쳐줘서 말이죠. 덕분에 가이드들은 모두 시큐리티 요원으로 나와서 영화 찍는 것도 구경하고, 유명한 배우들도 실컷 보고 그랬더랬죠."

안 그래도 벼르고 있었는데 영화 이야기가 나온 김에 옳거니 한 남편, 일행 뒤쪽으로
슬그머니 빠지더니 마지막 재연 미션을 수행하기 위해 기어코 몸을 던지고 만다. 체
념한 표정을 지은 채 한국말로 '아구 부끄러워'를 연발하며 셔터를 마구 눌러대는 아
내. 생전 다시 볼 일 없는 사람들의 눈길 따위는 애써 외면한 채 다양한 포즈로 열연
하는 남편. '내 여기서 일하면서 저런 사람들 많이 봤지'라는 듯한 미소를 지은 채 우
리를 물끄러미 지켜보는 잘생긴 프랑스 가이드 청년. 왠지 쑥스러워진 분위기를 무
마도 할 겸, 다 함께 기념 사진으로 마무리한 후 얼음 위를 다시 펭귄 걸음으로 천천
히 걸어 나왔다.

#역시 남는 건 사진뿐 #다 함께 치~즈

열두째 날 쓴 돈	
(원 환산 × 11)	
주유	5,474 ISK
	(60,210원)
요쿨살론 보트투어	10,000 ISK
	(110,000원)
요쿨살론 라운지 커피	350 ISK
	(3,850원)
빙하 위 걷기 체험	21,800 ISK
	(239,800원)
카틀라 호텔	26,000 ISK
	(286,000원)

1 요쿨살론을 운영하는 사무실 겸 기념품 샵 내부에 있는 푸드 코너의 메뉴를 보니 역시나 스프 한 접시, 샌드위치 하나에 1만 원이 훌쩍 넘어간다. 제대로 먹을 거 아니면 어정쩡하게 돈 쓸 필요 없다고 판단, 도시락으로 점심은 때우기로 하고 싼 음료를 찾았다

2 한쪽 벽면에 설치되어 있는 커피 머신. 그래 커피 한 잔이면 충분하다. 기계로 내린 커피가 4000원! 역시나 만만치 않은 가격

3 다시 밖으로 나와 커피 한 잔과 함께 슈퍼에서 장 봐온 다과와 호밀빵 등으로 만찬을 차렸다. 가장 좋은 반찬은 테이블 저편으로 펼쳐진 요쿨살론의 환상적 풍경!

4 오늘 하루 이동한 거리가 마침 딱 나와있는 도로변 지도. 우측 회픈에서 좌측 아래 비크(Vik)까지가 약 270킬로미터 정도로 서울 – 대구 간에 조금 못 미치는 거리니 '바트나요쿨'의 면적이 얼마나 광대한지 눈짐작이 가능하다

5 오늘 캠핑을 하려 했던 비크 마을 주변에 도달하자 날씨가 급격히 나빠지며 빗줄기도 굵어진다. 며칠 연이은 캠핑에 몸도 으실으실해 오던 차, 또다시 눈 질끈 감고 마을 주변 호텔을 잡았다

6 아늑하고 따스한 느낌의 카틀라 호텔 내부. 다소 화려한 조명의 다이닝 공간, 그리고 곳곳에 놓인 자연 친화적인 인테리어 소품들이 돋보인다

7 우리를 결정적으로 체크인하게 만든 사우나와 노천탕. 짐을 풀자마자 만사 제쳐놓고 내리는 빗줄기도 아랑곳하지 않은 채, 온천수로 입수! 며칠 동안 누적된 캠핑장 피로가 한순간에 스르르 녹아내린다

8 별채에 위치한 공동 부엌의 원목 다이닝 테이블. 역시 아이슬란드 호텔들은 비싼 만큼 제대로 갖춰서 손님을 맞는구나 생각하며 이곳에서 황송한 저녁을 차려 먹었다

9 아, 이 얼마 만에 다시 누워보는 쿠션 풍만한 침대인가. 잘 씻고 잘 먹고 난 후 몰려드는 졸음과 함께, 나무 향 가득한 호텔방에서 기절하듯 잠에 빠져 들었다

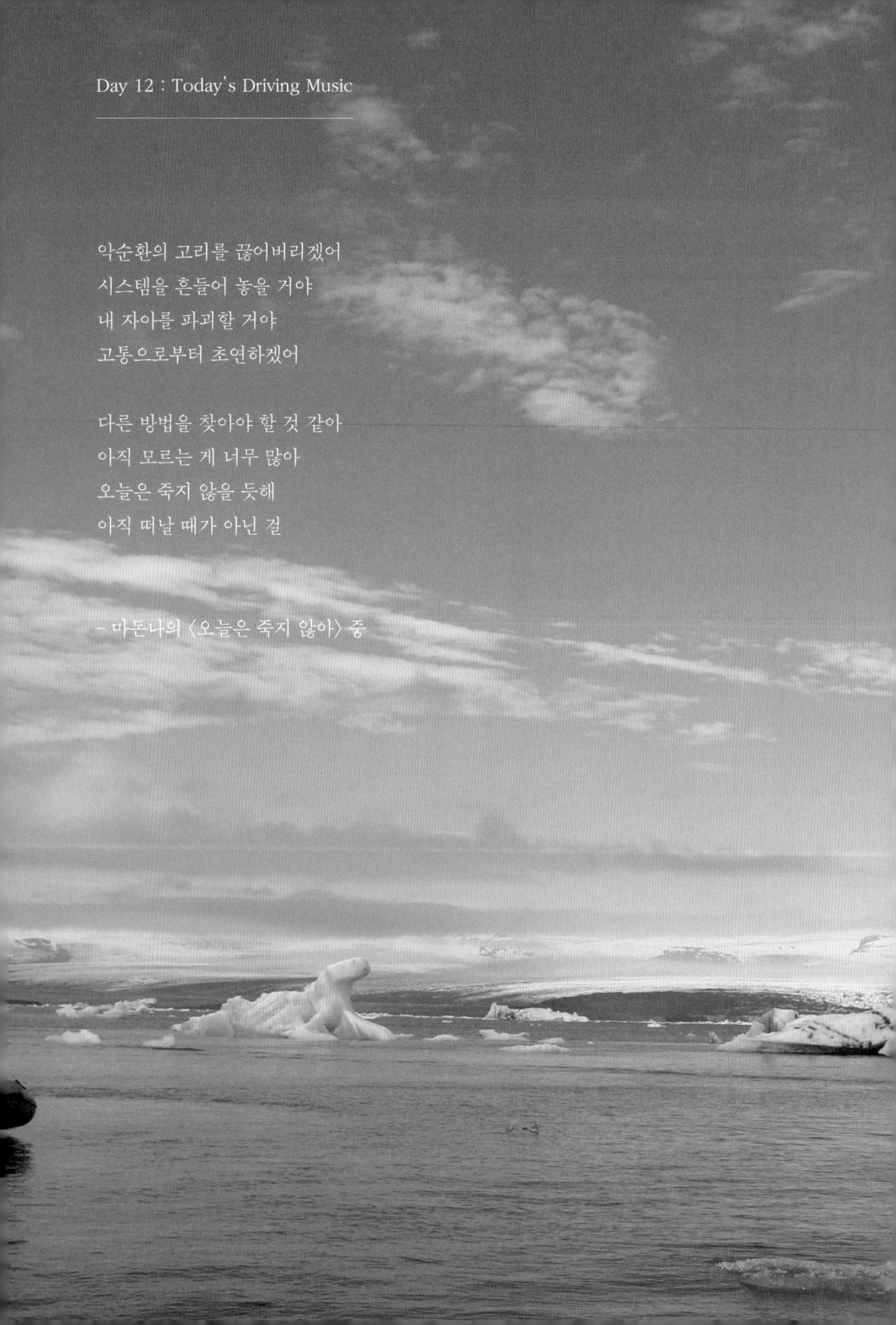

Day 12 : Today's Driving Music

악순환의 고리를 끊어버리겠어
시스템을 흔들어 놓을 거야
내 자아를 파괴할 거야
고통으로부터 초연하겠어

다른 방법을 찾아야 할 것 같아
아직 모르는 게 너무 많아
오늘은 죽지 않을 듯해
아직 떠날 때가 아닌 걸

- 마돈나의 〈오늘은 죽지 않아〉 중

I'm gonna break the cycle

I'm gonna shake up the system

I'm gonna destroy my ego

I'm gonna close my body now

I think I'll find another way

There's so much more to know

I guess I'll die another day

It's not my time to go

- Madonna, 〈Die Another Day〉(2002)

당대 최고의 팝 아티스트가 참여해 항상 화제가 되는 007 영화 음악
주제가. 그 스무 번째 시리즈 〈Die Another Day〉의 타이틀 곡은 논
란의 여지가 없는 최고의 팝 아티스트 마돈나가 맡았다. 차가운 느낌
의 리드미칼한 신디팝 비트와 '극기'의 철학을 담은 몽환적 가사가 불
과 얼음의 나라인 아이슬란드에서 펼쳐지는 액션 장면과 멋드러지게
어울린다

Day 13

결혼식, 그리고 아이슬란드 사람들

'카틀라' 호텔 ~ '블랙비치' ~ '스코가포스'

~ '셀얄란즈포스' ~ '아스가르드' 타운하우스

주례를 보던 목사가 기타를 치며 축가를 부르고

신랑 아버지가 의자 위에서 피로연 연설을 한다.

아이슬란드어 사전에는 '격식'이라는 단어가 없는 게 아닐까 나무 지붕을 두드리는 빗줄기 소리와 함께 서서히 잠에서 깨어난 '카틀라(Katla)' 호텔에서의 아침. 그동안 열심히 달린 덕에 여행 막바지로 갈수록 넉넉해진 일정에다 하루 종일 예정되어 있는 비 예보가 오히려 마음을 더 편하게 만든다. 모처럼 지른 초호화(?) 호텔을 만끽하기 위해 조식 뷔페 마감시간 막바지까지 늦잠을 잔 후 식당으로 향했다.

어젯밤에 슬쩍 들러봤던 그림 같은 다이닝 라운지. 우리처럼 게으른 늦잠 여행객들 몇몇과 함께 요리를 접시에 담기 시작했는데, 메뉴가 초호화판이다. 호밀빵과 소스, 갓 구운 계란 프라이도 푸짐하게 놓여 있거니와 결정적으로 커다란 사발에 무진장, 그야말로 무진장 담겨 있는 생선절임요리들에 눈이 휘둥그레! 다양한 양념에 버무려져 있는 절임을 접시에 가득 담아와 생선 샌드위치를 만들어 먹기 시작했는데 그 적절한 짭짤함과 싱싱한 식감에 먹어도 먹어도 끝없이 들어간다. 이 정도면 숙박비를 그 비싼 아이슬란드 외식비 이상으로 본전 뽑고도 남았겠다 싶을 때까지 배를 잔뜩 채운 후 다시 호텔 방으로 돌아가 든든해진 마음으로 오늘의 여정을 점검.

오늘의 드라이빙 코스는 소위 아이슬란드 남서부 해안가 지역의 명소 3인방인 블랙비치(Black Beach), 스코가포스(Skógafoss), 셀얄란즈포스(Seljalandsfoss). 100킬로미터 이내의 링로드상에 세 지점이 차례대로 나타나기에 일정도 여유롭고 궂은 날씨에도 그다지 헤맬 염려가 없다. 내리는 비가 살짝 야속하지만 어쩌겠는가, 나름 색다른 운치를 최선을 다해 담아보리라 다짐하며 카메라를 동여 잡는 아내. 함께 화이팅하며 길을 떠났다.

1 호텔 다이닝 라운지의 아침 풍경. 조식 마감 직전 시간대인데도 꽤 많은 투숙객들이 함께 식사를 하기 시작했다. 해가 지지 않는 아이슬란드 여름 여행에서는 게으름이 미덕일지도

2 뷔페 코너 한구석에 놓인 'Lysi'라는 시럽. '세계에서 가장 강한 남자'라는 별명을 가진 아이슬란드 사람들이 마시는 음료라는 문구가 눈길이 가 검색해보니 생선 기름으로 만든 이곳 전통 음료다. 호기심에 한 숟갈 마셔보니 맛은 그저 그랬지만, 왠지 이날 여정 내내 몸이 가뿐해진 느낌이 든 것은 기분 탓이었을까

3 다른 어떤 여행지의 고급 호텔에서도 본 적 없는 풍성한 조식 메뉴, 청어리, 고등어 절임 무제한 리필 코스! 어부의 나라 아이슬란드 외딴 호텔의 위용이다

4 호밀빵과 크림치즈, 오이, 토마토와 삶은 계란과 함께 먹는 생선절임요리는 먹어도 먹어도 질리지 않는 위험한 콤비네이션이다. 덕분에 이날 하루 점심은 허기짐 없이 어느새 자동 패스!

블랙비치

1 블랙비치의 현지 지명은 'Reynisfjara'로 자동차 도로상 간판에는 'Black Beach'라는 영어 명칭은 보이지 않으니 원어를 확인해 추적해야 한다. 가까이 접근할수록 점점 심상치 않게 변해가는 도로변 풍경

2 그 도로변 끝에 도달한 심상치 않음의 극치. 진입과 동시에 보이는 끝없이 펼쳐진 새까만 '흑사장'과 가까운 바다 한가운데에 우뚝 솟은 용암괴석이 연출하는 우주적 풍경에 한동안 말이 떨어지지 않는다

3 가까이 다가가보니 검은 해변의 정체는 새까만 색깔의 둥근 자갈들이다. 화산석을 마구 뿜어댄 옛 화산과 아이슬란드 연안의 거칠고 급격한 조수 간만 파도가 수천 년에 걸쳐 함께 빚어낸 합작품. 몇 개 챙겨 가고 싶은 마음이 굴뚝 같았지만, 어느 캠핑장에서 본 'Leave nothing but footprints, Take nothing but pictures'라는 문구가 떠올라 꾹 참았다

눈을 떼기가 힘든 해변의 풍경에서 간신히 시선을 돌려
뒤를 돌아다보니 이번에는 광대하게 펼쳐진 거대 주상절리가 우리를 압도한다.
도처에 펼쳐져 있는 기이한 풍경들. 먼 옛날 이곳에 무슨 일이 일어난 걸까

블랙비치

1 뜨거운 용암이 급속도로 냉각되는 과정에서 외형이 균등한 속도로 수축되며 형성되는 주상절리. 아이슬란드 북극해의 차가운 빙하바람이 식혀낸 주상절리는 마치 손으로 깎아놓은 듯, 그 모습이 미끈하고 견고하다

2 블랙비치는 주변에 물개가 자주 출현하기로도 유명한데, 해변가에 놓인 안내판에 관련된 전설이 적혀 있다. 인간의 후손인 물개가 1년에 한 번씩 해변으로 나와 가죽을 벗고 춤추며 노래를 하는데, 이를 지켜보던 한 어부가 물개의 가죽을 훔쳐 숨긴 채 함께 결혼해 일곱 아이를 낳고 살게 되었고 이후 어느 날 숨겨놓은 가죽을 발견한 물개가 다시 바다로 돌아갔다는 아이슬란드 판 '선녀와 나무꾼' 이야기. 이후 두고 온 친척(?)들을 그리워하는 물개들이 해안가에 자주 출몰한다고. 아이슬란드 각지에 흩어져 있는 관광지의 안내판에는 대부분 이런 흥미로운 미신 이야기가 적혀 있는데, 더욱 흥미로운 건 실제 아이슬란드 국민의 30퍼센트 정도는 실제로 엘프가 존재하며 이런 이야기들이 사실이라고 믿고 있다는 최근 조사 결과이다

블랙비치의 아름다움은 해안가 동굴 내벽에서 그 정점을 찍는다. 내벽 깊숙한 곳까지 형성된 주상절리 구조가 거친 파도에 수십 세기 동안 하부가 깎여나가며 그 어떤 건축물보다 멋드러진 천장아트를 이루었다

스코가포스

1

2

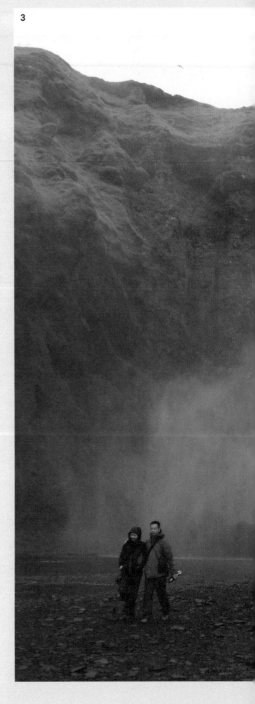

3

1 | 1번 도로상에서 쉽게 찾을 수 있는 스코가포스 진입로. 빨간색 간판도 눈에 잘 띄지만 그보다 대기 중에 짙게 흩날리는 물안개가 거대 폭포 주변에 다다랐음을 확실히 알려준다

2 | 주차한 후 차에서 내리면서부터 몸이 젖어오기 시작한다. 가까이 다가갈수록 폭포 소리가 점차 커지더니 어느새 옆 사람과 대화가 어려울 정도의 우렁찬 굉음이 우리에게 바짝 다가선다

3 | '어디까지 다가갈 수 있을까' 하며 최대한 폭포에 가까이 가보았는데 사진 속 가장 멀리 보이는 사람이 있는 지점 정도까지가 한계다. 가까이서는 엄청난 물보라로 인해 사진도 찍을 수 없는 데다 눈조차 뜨기 힘들다. 이쯤되면 여기도 전설 하나 정도 있을 법 한데, 아니다 다를까 안내판을 살펴보니 뭔가 적혀 있다. 옛날에 'Þrasi'라는 사람이 폭포 뒤에 커다란 금괴를 숨겨놓았는데, 그 크기가 엄청나고 거센 폭포 물살 때문에 발굴이 불가능했다는 이야기. 관련 문헌에는 아래와 같은 문구가 적혀있다고 한다

The chest in Þrasi's secret lair (은신처에 숨겨진 Þrasi의 상자)
Under the Skógar waterfall (스코가 폭포 아래에 있지)
Rewards the one who ventures there (그곳을 탐험하는 사람에게는)
With endless riches, great and small, (크고 작은 부가 끝이지 않는다네)

스코가포스

1 폭포 우측으로 걸어 올라갈 수 있는 산책로가 나 있다. 멀리서 볼 때엔 만만해 보였는데 막상 오르기 시작하니 금세 턱까지 숨이 차오르는 게 꽤나 가파르고 구간이 길다. 정상까지 쉬엄쉬엄 왕복 한 시간 정도의 코스

2 구간이 길다 보니 한 시간 동안 같은 일행을 앞서거니 뒤서거니 하면서 계속 만나게 된다. 스웨덴에서 온 이 언니들과는 서로 사진도 찍어주면서 이런저런 짧은 대화를 나누게 되기도 물론, 스쳐 지나가는 여행자 간에 이름 같은 건 물어보지도 않았다

스코가포스 주변에 캠핑장이 있어 텐트 숙박이 가능하다. 사진으로 보기엔 꽤나 운치 있지만, 나같이 귀가 예민한 사람들에게는 커다란 폭포 소리에 밤 꼴딱 새기 좋은 위치. 잠시 서서 눈으로만 담고 퇴장

셀얄란즈포스

1 아이슬란드 남서부 명소 3인 방의 마지막 코스, 셀얄란즈 포스. 떨어지는 물줄기는 스코가포스보다 훨씬 약하지 만 폭포 밑으로 지나가는 산 책로를 따라 떨어지는 폭포 를 360도 방향에서 볼 수 있 는 묘미가 있다

2 폭포 안쪽에서 바라본 풍경. 많은 양의 물이 바람에 흩뿌 려 내려치는 모습이 실제로 보면 훨씬 더 장관이다

셀얄란즈포스의 높이 또한
스코가포스와 비슷한 60미터 정도.
이런 거대 폭포가 산속 깊은 곳이 아닌,
바닷가에 인접한 해안도로상에
즐비할 정도로 그만큼 아이슬란드의 지형은
드라마틱하고 비현실적이다

"아…스…가르드? 어디서 많이 들어본 이름인데?"

일주일 전 레이캬비크에서 초대받은 요나나 언니의 결혼식이 바로 오늘 저녁인데, 그때 받아둔 예식장이 있는 곳 주소를 자세히 읽어보니 북유럽 신화에 등장하는 신들의 왕국이자, 영화 〈토르〉에 나오는 별나라 이름이다. 얼마나 화려한 곳일까 생각하며 도착해보니 방갈로 여러 채와 파티 홀이 함께 있는 꽤 넓은 타운하우스. 여길 통째로 빌려놓고 멀리 있는 친구들도 불러서 잠도 재우고 하나 보다. 하긴 여기서는 원체 집들이 서로 멀리 떨어져 있을 테고 술도 한잔해야 할 테니 파티 후 자고 가는 건 필수겠구나. 초청받은 나그네 신분의 예의상 조금 일찍 도착해 가족분들과 먼저 인사를 나눴는데, "흠, 그러니까 우리 가족 결혼식을 염탐하러 오셨단 말이죠?"라는 격의 없는 유쾌한 농담으로 우리를 반갑게 맞이해주신다. 잠시 후 예식 시간이 가까워오자 하나둘 몰려드는 친구들.

무제한 칵테일과 함께 파티 분위기가 무르익기 시작하고 얼마 후 하객들이 야외에 있는 정자 쪽으로 일제히 이동하기 시작했다. 아, 예식이 시작되나 보다 하며 뒤따라가보았는데, 의자나 단상 같은 것도 없이 신랑 신부와 주례 목사, 그리고 하객들까지 모두 그냥 정자 주변에 둘러선 채로 예식이 곧바로 시작된다. '정말 격식 없는 캐주얼한 결혼식이군' 했는데, 시작에 불과. 예식 중간에 갑자기 주례를 보던 목사가 직접 기타를 치며 축가를 불러주기도 하고, 피로연에서는 신랑 아버지가 의자 위에 올라가서 연설을 하기도 한다. 아이슬란드어 사전에는 '격식'이라는 단어 자체가 아예 없는 게 아닐까.

1 셸얄란즈포스에서 차로 20분 거리의 'Hvolsvöllur'라는 작은 도시에 위치해 있는, 결혼식이 열린 아스가르드(Ásgarður) 입구 모습. 마을도 타운하우스도 고요하고 평화스럽기 그지없다. 타운하우스의 규모는 중앙에 위치한 홀과 그 주변에 있는 방갈로 20여 채 정도. 숙소는 초청한 가족들과 친구들에게 모두 배정되어 있었지만 대신 부지 내 무료 캠핑과 무제한 식사와 주류를 제공 받았다. 캠핑 여행자에게 있어 더할 나위 없는 은총

2 요란한 행진도, 거창한 성혼선언문 낭독도 없다. 짧은 축사를 마친 주례 목사가 직접 기타를 연주하며 노래를 선창하기 시작, 하객이 하나둘 참여하며 다 함께 축가를 불러주는 정도가 순서의 전부. 주변에 둘러선 가족과 절친들의 축복 속에서 예식은 10여 분 만에 끝났다

3 친구 요니나와 신부 아버지의 모습. 사진 촬영과 공유 허락 요청에도 흔쾌히 응하시며 "뭐, 유명해져서 나쁠 건 없지" 라며 털털한 농담까지 덧붙여주신다. 장난기 어린 배시시 미소가 부녀지간에 영락없는 붕어빵

4 오늘의 주인공인 신랑 신부의 행복한 한 컷. 예식 당사자치고는 꽤나 캐주얼한 느낌의 예복이 매우 인상적이다

또 하나의 흥미로운 장면은 결혼식 음식을 신랑 측 가족이 다 함께 현장에서 준비하는 모습이었는데, 이게 아이슬란드 전통이란다. 식을 마친 신랑이 직접 앞치마를 두르고 고기를 찢어 양념을 바르고, 시아버지는 바깥쪽 테라스에서 바비큐를 열심히 구워댄다. 호쾌해 보이는 신랑 아버지. 옆에서 얼쩡대다 눈이 맞아 대화를 나누기 시작했는데, 우연히 소재가 '양' 이야기로 흘렀다.

1 직접 바비큐를 구우며 요리 솜씨를 유감없이 발휘 중인 신랑 아버지. 유쾌하고 유익한 대화에다 익살스런 표정으로 포토제닉 포즈까지 지어주신다

2 아버지가 구운 바비큐가 부엌으로 공수되면 어머니의 지휘하에 신랑 가족들이 다 함께 붙어 고기를 찢고 양념을 버무리며 요리를 완성시킨다. 전반적으로 뭔가 시골 마을 잔치 분위기

3 신선한 야채와 과일이 함께 어우러진 양고기 바비큐 완성. 글로는 표현하기 어려운 은은하고 구수한 요리향이 파티장을 가득 채운다

- 아이슬란드를 자동차로 한 바퀴 도셨다고? 즐거우셨나요?

"네, 정말 엄청난 여행이었어요. 잊지 못할 풍경들에, 빙하와 화산의 흔적들이 공존하는 모습까지…."

- 양들을 차로 치거나 하진 않았죠? 이맘땐 길가에 엄청 많을 텐데.

"아, 네. 정말 많이 보이더라구요. 몇 번 아슬아슬했어요. 다가가면 갑자기 길로 뛰어드는 양들도 있어서…."

- 아 그게, 길 건너편에 어미나 새끼가 있으면 그래요. 시각과 청각이 약해 차가 오는 걸 막판에야 알아차리거든요.

왠지 울컥. 그런 줄 모르고, '이런 바보 같은 양 떼들!'이라며 욕만 했다. 진작에 알았으면 더 조심하는 건데.

"근데, 여기서는 양고기를 주로 많이 먹나 봐요?"

- 그럼요. 아이슬란드 양고기 맛은 세계 최고예요. 사료를 전혀 안 쓰고 방목해서 순수 풀만 먹이거든요.

"오… 근데 양 못지않게 길가에 말도 많이 보이던데, 말도 먹나요?"

- 아… 먹기도 하는데, 그것보다 훨씬 더 중요한 용도가 있어요.

"그게 뭐죠? 눈 많은 겨울에 자동차를 대체하는 교통수단 뭐 그런 건가요?"

- 그것도 있지만 여름에 산에 풀어놓은 양들을 다시 추워지기 전 9월쯤 몰고 내려와야 되거든요. 그때 말이 없으면 안 되지. 그래서 시골엔 집집마다 다 말이 있지요.

"아, 어쩐지 여기는 소보다 말이 훨씬 더 많이 보이더라구요. 근데, 그렇게 한참을 풀어놓으면 찾을 때 어느 양이 누구 건지 어떻게 아나요? 먼저 보는 사람이 임자고 뭐 그렇지 않나요?"

- 에이, 여기 한 집 건너 서로 다 아는 가족들인데 그럴 리가. 오히려 어떤 집에서 자기 양을 못 찾고 있으면 온 마을이 나서서 같이 찾아주고 그러죠. 그리고 어미 양 귀 뒤에 보통 목장 별로 표식을 해놓아서 바로 구분되긴 해요.

"아기 양들은요?"

- 아기 양들은 표식 같은 거 필요 없어요. 어차피 절대 어미 양 곁을 떠나질 않으니.

"아…(또 한 번 울컥…)"

아이슬란드 외곽 도로에서 만나는 양들은 느리고 감각이 둔하다. 너무 천천히 다가가면 자동차임을 인지하지 못해 잘 피하지 않는데, 그걸 잘 모르고 이렇게 일방차선 다리 위에서 한 양 가족을 만나 한참을 대치한 적이 있었다. 한동안 멀뚱멀뚱 서로 바라보다, 서서히 차를 움직이니 그제야 이들도 건너편으로 유유자적 걸어가기 시작한다

1 이쪽을 물끄러미 바라보다가도 약간의 위험이라도 느껴지면 순간 새끼를 온몸으로 품는 어미 양. 역시 목숨을 던지는 자식 사랑은 만물의 본능이다

2 황무지 인랜드 도로상에서 만난 말 떼 무리들. 소도 간간이 보이긴 하지만 도처에 보이는 말들과 양 떼에 비할 바 아니다

3 아이슬란드의 말들은 보다 통통하고 근육질인데, 거친 산악 지형을 누비고 다니기에 적합하게 진화한 것으로 보인다. 더할 나위 없이 용맹스럽고 늠름한 외모지만, 근접 촬영에 미동도 없을 정도로 온순한 성격

인구 30여만 명인 아이슬란드의 '가족 같은' 문화 이야기는 신부 친구라며 자신을 소개한 다른 한 하객한테서도 들을 수 있었는데, 이날은 마침 '유로 2016' 축구 경기의 아이슬란드와 잉글랜드의 16강 맞대결이 있기 이틀 전날이었다.

"믿을 수 없는 일이 일어난 거죠. 본선 진출 자체도 기적인데 16강까지 바로 올라가다니, 이 심심한 나라에 건국 이래 가장 신나는 일이 일어난 거죠. 전 국민이 흥분 상태이고, 요즘 만나면 당연히 다들 온통 그 이야기죠. 근데 웃긴 건, 인구가 워낙 적고 다들 이웃처럼 가깝다 보니 선수들 중 적어도 한두 명과는 건너건너 아는 사이라는 거예요. '아 글쎄, 골키퍼 하는 그 친구 있지, 바로 우리 아이 학교 교장 아들이래~' 하는 식으로 말이죠. 모레 저녁 레이캬비크 언덕 광장에 대형 스크린을 설치해놓고 다 함께 야외응원한다는데, 아마도 도시 인구 절반 정도는 거기 다 모이게 되지 않을까 싶네요. 하하."

하긴, 레이캬비크 도심 인구가 10만이 좀 넘는 수준이니 충분히 가능한 이야기. 마침 이틀 후 그곳으로 다시 돌아가는 일정인데, 아주 재밌는 정보를 얻었다. 레이캬비크에서 시민의 절반이 모이는 거리응원이라. 놓칠 수 없는 이벤트다. 그나저나, 이렇게 적은 인구의 나라에서 어떻게 이런 기적이 일어나게 된 걸까.

"음, 글쎄요. 워낙 심심한 나라이다 보니 일단 다들 운동을 아주 좋아하긴 하죠. 특히 축구 같은 단체 운동은 더욱더. 화산과 추위, 거친 바다 등 자연과 싸울 일이 많다 보니 너 나 할 것 없이 함께 똘똘 뭉쳐 결속해야만 하는 경우에 아주 익숙해져 있는 민

1 50여 개 유럽 국가가 참여하는 유로컵 축구 대회는 4년마다 한 번씩 열리는데, 이때 유럽 내 분위기는 월드컵만큼이나 뜨겁다. 2016년 대회에서, 참가국 중 인구수로 거의 꼴찌에 가까운 아이슬란드는 예선전 때부터 네덜란드, 터키 등을 연파하며 돌풍을 일으키더니, 결국 건국 이래 처음으로 24강 본선 리그에 진출하는 쾌거를 이루었고, 당연히 온 나라는 축제의 분위기에 휩싸였다

2 우리가 아이슬란드를 방문할 당시, 마침 조별 리그 경기가 한창이었는데 레이캬비크에서 요니나를 처음 만난 바로 그날 헝가리와의 두 번째 경기가 열렸다. 첫 경기에서 강호 포르투갈과 무승부를 거둔 아이슬란드는 이날 헝가리와도 무승부, 다음 경기인 오스트리아 경기는 승을 거두며 3무에 그친 포르투갈을 누르고 1승 2무 조 1위로 16강에 올랐다.(어디서 많이 들어본 듯한 스토리 아닌가) 포르투갈은 이 대회의 최종 우승국이 되었다

3 도심 곳곳에 설치된 대형 스크린이 앞에 수많은 시민들과 관광객들이 모여 함께 응원을 하고 있었다. 사실 처음 이 모습을 보았을 때엔 어떤 상황인지 잘 모른 채 그저 '와, 이 나라 사람들 축구 정말 좋아하나 보다' 했다는. 가까이 다가가 보니 아이슬란드 국기를 온몸에 두른 청중들이 가득 모여 있었다. 그제서야, 뭔가 중요한 국가대표 경기가 열리고 있음을 감지하고 상황 파악에 나서기 시작

4 기막힌 타이밍에 아이슬란드에 꽤나 의미 있는 이벤트가 벌어지고 있는 걸 알게 된 후, 분위기에 동참하고자 아이슬란드 국기가 그려진 티셔츠를 사러 옷가게를 들러보았지만 이미 다 동이 난 상태. 그만큼 온 나라가 하이퍼 상태임을 짐작할 수 있었다. 2002년, 그때 우리들도 그러했듯이

족이거든요. 생존을 위해, 혹은 승리를 위해 온 가족이 한마음으로 응원하는 느낌이 랄까. 지금도 그런 마음이에요. 실제 대부분 국민들이 서로 가깝거나 먼 친척이기도 하구요. 하하.”

식사도 끝나고 파티가 슬슬 마무리되는 듯하여 타운하우스 뒷마당으로 나가 텐트를 친 후, 굿나잇 인사를 하러 다시 연회장으로 돌아와보니 파티가 끝나긴커녕 밴드 연 주와 함께 이제 본격적으로 시작하는 분위기다. 시계를 보니 밤 11시가 넘은 시각. 지지 않는 태양 아래 지칠 줄 모르는 아이슬란드 피플의 한여름 올나잇 파티에 동참 하기엔 여행자의 일정이 다소 버겁구나. 친구 요니나의 멋진 결혼식 축가 감상을 마 지막으로, 가족들에게 감사 인사를 드리고 텐트로 돌아와 누우니 모처럼의 취기와 포만감에 졸음이 잔뜩 밀려오기 시작. 귓속에서 점점 희미해져가는 파티 음악 소리 와 함께 스스르 꿈나라로 빠져들어갔다.

열셋째 날 쓴 돈
(원 환산 × 11)

주유   5,402 ISK
                    (59,420원)

(아이슬란드 여행 중 가장 돈 적게 쓴 날!)

파티에서 만난 아이슬란드 도로 포장 회사에서 일하는 친구. 마침 여행 다니며 생긴 궁금증이 하나 있어 물어보았다. '마을마다 도로의 포장, 비포장 상태가 다르던데 도로를 우선적으로 포장해주는 원칙 같은 것이 있나요? 인구 기준? 아니면 메인도로와의 거리?' 돌아온 그의 대답은 역시 '아이슬란드'스러웠다.

'음… 글쎄요. 별다른 원칙은 없구요. 굳이 있다면 최대한 빨리 많은 곳을 포장한다… 정도라고나 할까?'

맥주를 무척 좋아하는 아내, 생전 처음 보는 다양한 공짜 아이슬란드 맥주에 마냥 신나 마구 마셔대더니 어느새 볼 빨간 사춘기 소녀가 되었다

저기 거친 산이 나를 기다려
온통 깨어 있는 채로 잠 못 이루지

니가 그리워, 니가 필요해
너에 대한 사랑으로 내 영혼은 마비되었어

친구여, 친구여

나 여기 이렇게 홀로 서 있는데
넌 왜 나를 보지 못하는가
그녀 뺨에 내린 키스는 깊이 스며드는데

친구여, 친구여
엘프의 노래소리가 들리는가

루라라레이, 루라라레이

친구여, 친구여

저기 거친 산이 너를 기다려
언제나 너로 다시 향하는 내 마음, 약속해

– 요니나의 〈친구에게〉 중

Vilt fjalla sýn,
sem býður mín.
Næ ekki að sofa,
að innan ég loga.

Ég sakna þín,
ég þarfnast þín.
Sál mín er dofin
af ást til þín.

Kæri vinur. Kæri vinur.

Því stend ég hér ein,
þú sérð mig ei.
Kyssir hana á kinn,
endar alla leið inn.

Kæri vinur Kæri vinur
Ég heyri álfasöng,

rúra ra rey, rúra ra rey

Kæri vinur. Kæri vinur

Vilt fjalla sýn,
sem býður þín.
Þú alltaf í mig togar,
hjarta mínu þér lofa.

- Jonina, 〈Dear Friend(Kæri vinur)〉(2018)

아이슬란드의 엘프 뮤지션 친구 요니나의 2018년 발표 앨범 'Remember' 수록곡. 친구를 부르는 그녀의 청량한 목소리가 아이슬란드의 거친 자연 속에서 멋드러지게 울려 퍼진다. 영상과 노래를 꼭 한 번 감상해보시길

Day 14

거친 자연은 저주이자 축복

———————————

'아스가르드' 타운하우스 ~ '헤이마에이' 섬 ~ '헬라'

헬라

'아스가르드' 타운하우스

🚗 3h 22min
1301km

헤이마에이

아이슬란드 30만 국민들의 결속력,

그리고 이들의 정직하고 여유로운 국민성의 원천은

한겨울의 혹한, 움직이는 빙하, 폭발하는 화산과의 싸움

그 자체임이 분명하다

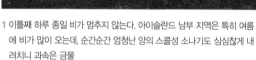

1 이틀째 하루 종일 비가 멈추지 않는다. 아이슬란드 남부 지역은 특히 여름
　에 비가 많이 오는데, 순간순간 엄청난 양의 스콜성 소나기도 심심찮게 내
　려치니 과속은 금물

2 내륙 쪽으로 얼마 들어가지 않은 곳에 나타난 자동차 진입금지 표시판. 이
　런 표지판을 보면 왠지 더 운전해 들어가보고 싶어지지만 꼭 참으며 길가에
　차를 세운 후 조금 더 걸어 들어가보았다

3 제방 너머는 표지판이 금세 납득이 가는 풍경이다. 어디가 길인지도 알 수
　없을 정도로 여러 물줄기가 온통 길 위를 흘러 다닌다

4 이런 곳을 지나려면 사륜구동이 필요하다고 친절한 느낌표와 그림으로 설
　명해놓은 표지판. 이럴 때를 대비해 비싼 사륜구동 렌터카를 빌렸건만, 비
　로 불어난 강물 앞에선 역부족이다. 무심한 날씨가 야속하기만

"아, 이거 더 이상 들어갈 수가 없겠는데. 비도 계속 오고"
- 그러게, 힝. 뭔가 오늘 하루 다른 일정을 고민해봐야 할 듯.

오늘은 하루 전체를 할애해 아이슬란드에서 가장 유명한 인랜드 하이킹 구간 란드만날라우가르(Landmannalaugar)를 자동차로 종횡무진 탐험할 야심찬 계획이었건만, 이틀 전부터 내리는 비가 그칠 기미를 보이지 않는다. 혹시나 하는 마음에 내륙으로 차를 몰아 조금 들어가봤지만 역시나 길을 막는 통행금지 표시판. 며칠 내린 비로 인해 사륜구동으로도 감당이 어려울 정도로 물살이 불어났음이 육안으로도 확인된다. 아쉽지만 내일은 부디 날이 맑길 기원하며, 차를 돌리며 대안을 찾기 시작했다.

주변의 해안가 명소는 어제 대충 다 돌아보았고 내륙은 들어가보기 어려운 상태. 그렇다면 남은 방향은 바다로 나가는 건데 마침 근거리 바다에 헤이마에이(Heimaey)라는 섬이 있다. 조금 더 찾아보니 이 섬에서 얼마 전 화산이 폭발한 적이 있는데, 관련된 정보를 모아놓은 엘드하이머(Eldheimar) 박물관이 섬 어딘가에 있다고. 사실 '박물관' 자체는 우리가 보통 그리 즐겨 찾지 않는 여행지였지만 내용이 '화산'이라는 점에 관심이 간다. 어제 파티에서 들었던 아이슬란드 사람들의 결속력과 관련한 보다 구체적인 에피소드에 대한 기대감을 안고 바닷가 쪽으로 차를 몰기 시작. 잠시 후 섬으로 건너가는 페리 터미널에 도착했는데, 아뿔싸 자동차 승선 티켓은 매진이다. 할 수 없이 차를 선착장에 세우고 우비를 꺼내, 배낭을 멘 채 덮어 동여매며 빗속의 뚜벅이 여행 태세를 갖춘 후, 헤이마에이 섬으로 향하는 페리 위에 몸만 실었다.

1 바다를 달린 지 30여 분이 채 되지 않아 도착 안내 방송이 나온다. 밖을 나가보니 그동안 아이슬란드를 주구장창 달리며 꽤나 눈에 익숙해진 형태의 봉우리 하나가 이번에는 바다 한가운데에서 떡하니 우리를 반긴다

2 봉우리를 감아 돌아 들어가니 그 뒤쪽에 나타나는 선착장의 모습. 북극해의 거친 바람과 파도를 막아주는 화산봉우리들 사이에 아늑하게 자리 잡은 천혜의 헤이마에이 섬의 페리항을 향해 서서히 배가 진입해 들어간다

3 항구에 내리니 이곳에도 역시 비가 추적추적 내리고 있다. 박물관까지는 고작 걸어서 20분 거리. 비싼 택시를 타기도 애매한 거리다. 엘드하이머 방향 표지판이 가리키는 쪽으로 빗속을 걷기 시작

1 항구에 내려 엘드하이머 방향 표지판이 가리키는 쪽으로 10분 정도 걷다 보니 어느덧 높은 지역으로 올라왔는데, 돌아보니 마을의 전경이 한눈에 내려다보인다. 대충 눈짐작으로도 족히 천 가구 정도는 되어 보이는, 섬의 규모에 비해 많은 인구(더구나 아이슬란드인데!)가 살고 있는 꽤나 큰 마을

2 다행히 날씨가 조금씩 개기 시작한다. 집도, 도로 표지판도, 마을 사람들까지 온통 동화 같기만 한 이 평화로운 마을에 대체 무슨 일이 일어난 걸까?

3 잠시 후 마을 끝자락에 드디어 나타난 화산 박물관 엘드하이머의 모습. 이곳에서 우리는 불과 수십 년 전 섬 전체를 덮친 엄청난 재난 이야기를 접하게 된다

"뭘 그렇게 애처럼 자꾸 돌려보고 있어? 장난감도 아니고."

– 이거 정말 신기한데, 이렇게 흥미로운 박물관 전시물은 처음이야.

궂은 날씨 때문에 어쩔 수 없이 선택한 여행지였건만 막상 와보니 이모저모로 놀라운 곳이다. 어쩌면 화산 그 자체보다 훨씬 더 흥미진진한 당시 실제 상황을 생생하게 담고 있는 박물관. 이 나라의 자연과 사람들을 이해하는 데 결정적인 이야기가 전시되어 있는 이곳은 오히려 아이슬란드의 '머스트 씨(Must-See)'였건만. 이곳을 찾게 해준 거친 빗줄기에 감사한 마음까지 들 정도다.

우선, 박물관 시설 내에 전시된 가감 및 과장이 없는 직관적 스토리텔링 방식이 놀랍다. 할리우드 영화 속에서 연출되는 엄청난 폭발력과 함께 용솟음치며 분출하는 마그마의 화려한(?) 자태는 전시된 내용의 극히 일부. 보다 공을 들인 부분은 실제 그 일이 일어났을 때의 상황과 주민들의 대처 방식에 대한 이야기를 최대한 생생하게 시간 순으로 전달하고자 하는 장치들이다. 주민들이 직면한 사투의 순간과 인터뷰를 담은 다큐멘터리 영상이 시간대별, 날짜별로 나누어진 섹션 속에서 계속 돌아가고, 용암이 덮친 실제 건물을 개조해 만든 박물관의 일부 공간은 그날의 역사를 생생하게 머금은 채 폐허 그대로의 모습으로 전시되어 있다.

하이라이트는 박물관 중앙에 놓여 있는 회전체 키오스크. 한가운데에 섬의 지도가 그려져 있고 일자별 눈금이 표시된 원형 모서리의 가장자리를 밀어 돌리면 지도 위에 표시되는 그래픽과 정보들이 함께 변하며 재난 상황에 대한 시간대별 전지적 관점의 정보를 제공한다. 처음에 땅이 어떻게 갈라졌는지, 용암이 어떤 속도로 어느 방향으로 흘러 번지기 시작했는지, 대피하기 시작한 주민들의 수는 어떻게 변화했는지 등, 한마디로 박물관 내 모든 정보를 하나의 키오스크에 전부 녹여 넣은 셈. 보여주는 방식이 영리하고 정교하기 그지없어, 한 바퀴를 서서히 돌려보고 나면 마치 한 편의 영화를 본 듯 당시 이야기가 생생하게 상상이 될 정도다.

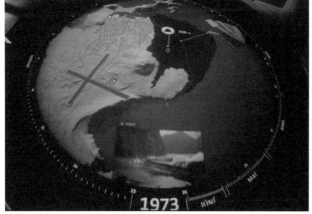

이 섬의 동쪽 끝에 위치한 화산 엘드펠(Eldfell)이 폭발한 시점은 1973년 1월. 북극해의 찬바람이 맹위를 떨치는 한겨울에 예고 없이 찾아온 이 엄청난 재난의 가장 드라마틱한 점은 당시 폭발한 화산의 용암 분출 속도가 그리 빠르지 않았다는 점이다. 화산을 소재로 한 재난 영화에서 흔히 등장하는 분화구의 거대한 폭발과 함께 마그마가 순식간에 마을 전체를 덮치는 장면을 연출하는 그런 화산과는 다소 다른 종류였던 것.

어느 추운 겨울날 새벽, 수 킬로미터 정도의 길이로 땅이 쩍하니 길게 갈라지며 그 사이로 마치 칼에 베인 상처에서 피가 흘러나오듯 마그마가 서서히 스며 나오기 시작했다. 그렇게 조금씩 분출된 마그마가 언덕 아래로 천천히 흘러내려 마을에 도달하는 데까지 걸린 시간은 자그마치 꼬박 한 달! 그 긴 시간 동안 얼마나 많은 주민들이 삶의 터전을 버리고 떠날 것인가, 흘러내리는 용암과 맞서 마을을 지키기 위해 싸울 것인가를 놓고 갈등했을지 상상이 되는가. 허나 제아무리 용감한 아이슬란드인들

이라 할지라도 난생 처음 맞는 엄청난 자연재해가 야기하는 두려움에 맞서 싸울 용자는 그리 많지 않았다. 용암이 분출되기 시작한 지 이틀 만에 당시 3000여 명 정도였던 주민의 대부분은 육지로 피신해 빠져나가고 섬에 남아 최후까지 맞서 싸우기로 결심한 자는 불과 300명. 그렇다. 고대 그리스인과 페르시안 제국 간의 실제 전쟁 역사를 다루었던 영화 〈300〉의 이야기가, 먼 훗날 이 섬에서도 실제 상황으로 연출되고 있었던 것. 게다가 이들이 맞서 싸워야 할 대상은 30만 페르시아 대군보다 훨씬 더 강력하고 무자비한 용암 그 자체였으니, 스파르타 투사들보다 훨씬 더 큰 용기가 이들에게 필요했을는지도 모른다.

그렇게 마지막까지 섬에 남은 300명의 주민은 용암이 마을 전체를 덮치지 않도록 목숨을 걸고 우회 도랑을 파고, 벽을 세우며 화산과의 사투를 벌였다고 한다. 그 덕분에 마을의 일부가 보존될 수 있었고, 이를 바탕으로 다시 재건된 헤이마에이 섬마을의 현재 주민 수는 4000명이 넘는다.

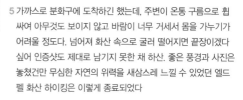

1 화산으로 올라가는 진입로에 세워져 있는 하이킹 경로. 당시 화산의 분출 지점과 마을과의 거리가 얼마나 가까웠는지 한눈에 알 수 있다

2 궂은 날씨지만 엘드펠 화산 하이킹을 감행. 짙은 안개 너머로 지척인 마을의 전경이 뿌옇게 내려다보인다

3 걷기 시작한 지 10분도 채 되지 않아 주변 토양이 온통 시커먼 화산잿빛으로 변한다. 시야가 점점 나빠지면서 바람도 점차 거세지기 시작

4 꽤나 높은 곳까지 올라오니 땅속 깊이까지 박힌 '화산 감지기' 등장. 1973년 폭발 당시에는 이런 장비가 있었을 리 만무, 땅이 갈라지고 용암이 솟아나는 걸 육안으로 확인하고서야 알게 되었다고 한다

5 가까스로 분화구에 도착하긴 했는데, 주변이 온통 구름으로 휩싸여 아무것도 보이지 않고 바람이 너무 거세서 몸을 가누기가 어려울 정도도. 넘어져 화산 속으로 굴러 떨어지면 끝장이겠다 싶어 인증샷도 제대로 남기지 못한 채 하산. 좋은 풍경과 사진은 놓쳤건만 무심한 자연의 위력을 새삼스레 느낄 수 있었던 엘드펠 화산 하이킹은 이렇게 종료되었다

고난이 많은 민족은 그만큼 더 강해신나고들 한다. 그런데, 그 대상이 자연이라면 그 민족이 전쟁하는 상대는 인간이 아닌 '신'이다. 그만큼 결속력은 더 강해지고, 무자비한 위력 앞에서 더욱 겸손해진다. 게다가 무심한 자연과의 대결은 탐욕스러운 인간들끼리의 전쟁과는 달리 누군가의 욕심이 개입되지 않은, 그야말로 생존을 위한 순수한 싸움이니 복수나 원한 같은 '뒤끝'조차 남지 않는다. 최근 국제 축구 대회의 성적과 경제 성장을 통해 세계를 놀라게 하고 있는 30만 아이슬란드 국민들의 결속력, 그리고 이들의 정직하고 여유로운 국민성의 원천은 바로 수백 년에 걸쳐 이들이 치루어온 한겨울의 혹한, 움직이는 빙하, 폭발하는 화산과의 싸움을 통해 얻게 된 것임이 분명하리라. 어쩌면 이들이 겪는 잦은 자연재해는 이 민족에게 내리는 저주가 아닌 축복일 수도 있겠다는 생각.

아이슬란드에 있는 140여 개의 화산 중 30여 개는 여전히 언제 폭발할지 모르는 현재진행형 화산이다.

열넷째 날 쓴 돈
(원 환산 × 11)

페리 탑승료	10,800 ISK
	(118,800원)
	(인당 편도: 2,700 ISK)
페리 내 아침	1,300 ISK
(커피, 페이스트리)	(14,300원)
박물관 입장료	4,600 ISK
	(50,600원)
GOTT 레스토랑	7,120 ISK
	(78,320원)
ÁRHÚS 캠핑장	3,000 ISK
	(33,000원)

1 30분 남짓 건너가는 페리를 타는 비용이 인당 3만 원에 육박. 아무튼 뭔가 사람의 노동력이 개입되는 형태의 서비스는 어마무시 비싸다. 그만큼 아이슬란드는 인력 자체가 귀한 사회

2 교통비가 이 정도니 식비에서 아낄 수밖에. 허나, 페리 안에서 아침으로 때운 커피 한 잔과 페이스트리 두 조각 가격이 약 1만 5000원!

3 화산재의 폐허 틈바구니에 세워진 화산박물관 입장료는 인당 약 2만 5000원. 역시나 만만치 않았지만, 이번만큼은 전혀 아깝지 않았다

4 오늘의 숙소인 헬라(Hella) 마을에 위치한 'ÁRHÚS' 캠핑장의 공동 부엌 풍경. 웬만한 외딴 마을 캠핑장에도 주방 시설은 모두 깔끔하게 잘 갖춰져 있다

5 배가 떠나는 시간보다 1시간 정도 일찍 부둣가에 도착. 마을 다운타운을 둘러보다 입구가 아주 예쁜 레스토랑을 만났다. 화산 하이킹까지 감행하느라 꽤나 허기도 졌고 이래저래 저항하기 힘든 상태. 에라 모르겠다는 심정으로 일단 입장!

6 일단 아이슬란드 맥주를 시켜 바이킹 글라스에 가득 담아 한잔 주욱 들이켠 후, 몸을 녹일 스프와 해산물 샐러드 요리를 하나씩 시켰다. 이 소심한 선택의 메뉴 계산서가 약 8만 원! 이제 별로 놀랍지도 않다

7 가게 한쪽 벽에 걸린 '오늘의 생선' 알림판에 다양한 물고기 자석들이 붙어있다. 여기 사람들은 이것만 봐도 무슨 물고기인지 다들 아는 걸까? '그렇거나 말거나' 하는 느낌의 불친절(?)한 투박함이 역시나 아이슬란드스럽다

8 어느 폐허에서 뜯어낸 문짝을 재활용해 만든 식당 테이블. 엄청난 재난을 딛고 재건한 평화로운 섬마을 주민들의 투지를 상징하는 듯, 왠지 가슴 뭉클해진다

옛날 옛적 화산 하나가 바다 한가운데에 홀로 살고 있었지
그는 높은 곳에서 모든 커플들을 내려다보며 생각했어

자기에게도 누군가가 있었으면 좋겠다며
수년간 매일매일 용암을 내뿜으며 노래했다네

"난 꿈이 있어요. 언젠가는 이루어지겠죠.
언제나 항상 나와 함께 있을 그대
땅과 바다, 그리고 하늘이 내게 보내주기를"

– 애니메이션 〈Lava〉 주제가 중

A long long time ago, there was a volcano
Living all alone in the middle of the sea
He sat high above his bay
Watching all the couples play

And wishing that he had someone too
And from his lava came
This song of hope that he sang out loud
Every day for years and years

"I have a dream, I hope it will come true
That you're here with me and I am here with you
I wish that the earth, sea, and the sky up above
will send me someone to lava (love)"

- Theme Song, 〈LAVA〉(2015)

2015년 극장가를 휩쓴 애니메이션 〈인사이드 아웃〉의 오프닝으로
소개된 7분짜리 숏필름 애니메이션 〈LAVA〉의 주제가. 주인공 화산
목소리를 연기한 하와이언 뮤지션 쿠아나(Kuana Torres Kahele)가
직접 우쿨렐레를 연주하며 부른 사랑스러운 러브송이다

Day 15

그들도 우리처럼

─────────────

'헬라' ~ '란드만날라우가르' ~ '레이캬비크'

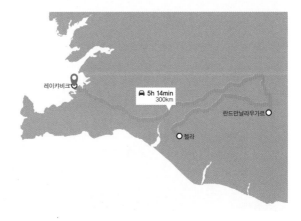

오늘의 승리가 이곳의 역사에 있어
또 한 번의 변곡점이 되는 중요한 날일지도.
다시 한 번 축하한다. 아이슬란드

"아, 드디어 비가 멎었네. 오늘은 제대로 한번 달려볼 수 있겠는걸."
- 그러게, 그런데 저녁에 축구하는 시간까지 맞춰 레이캬비크에 도착할 수 있을까?

아닌 게 아니라 시간이 좀 빠듯하긴 하다. 그동안 궂은 날씨 때문에 별러왔던 아이슬란드 남부 인랜드 구간. 구글맵을 돌려 란드만나라우가르의 캠핑 사이트 지점을 찍어보니 경유해서 레이캬비크까지 가는 거리가 약 300여 킬로미터 정도인데, 고속도로라면 서너 시간 내에 주파할 수 있겠지만 아이슬란드에서 가장 험한 비포장 구간 중 하나라고 하니 시간 가늠 자체가 별 의미가 없다. 열흘을 넘게 비포장을 달려온 자동차에 문제가 생길 수도 있고, 깊은 개울을 건너다 차바퀴가 바닥에 끼어버리는 일이 생길지도 모르는 일. 그렇게 된다면 오늘 저녁 레이캬비크 도착은 불가능하다.

캠핑장에서 늦은 아침을 먹으며 갈등하는데, 마치 뭘 그렇게 걱정만 하고 있느냐는 듯 날씨가 점점 화창해진다. 지난 3일 동안 그렇게도 비를 뿌려대며 인랜드 여정을 방해만 하던 날씨가, 일주 마지막 날에 이르러 막상 마음을 비우고 레이캬비크로 곧장 들어가려 하니 이리도 배시시 푸른 하늘을 드러내며 우리를 약 올릴 줄이야.

"이거, 날씨가 운명적인데. 축구 응원을 포기하더라도 인랜드 구간을 도전해볼까?"
- 아냐, 둘 다 해낼 수 있어! 뭐해, 빨리 먹고 떠나자구!

아, 역시 아내의 긍정 마인드는 언제나 한 수 위지만 결국 폭풍 운전은 나의 몫. 서둘러 캠핑 장비를 정리해 차에 싣고서 인랜드를 향해 질주하기 시작했다.

1 인랜드 방향으로 난 26번 도로를 한 시간 남짓 달리자 란드만날라우가르로 꺾이는 교차로가 등장. 비포장도로 위에 여러 방향의 표지판이 서 있지만 어디가 길인지 알아보기 힘들 정도의 황량한 비포장 구간이다

2 비포장도로로 들어선 지 얼마 되지 않아 떡하니 길을 가로막는 물줄기. 3일간 내린 비 때문인지 이건 개울이 아닌 거의 강물 수준이다. 주의 표지판까지 세워져 있는 걸 보니 우회로도 없는 듯. 사륜구동만 믿고 용감하게 입수!

3 무사히 강물을 건넌 이후의 풍경은, 그동안 아이슬란드를 누비며 만난 그 수많은 기이함과 또 사뭇 다르다. 할퀴어 뿌려진 화산재로 덮인 먼 산 아래 광활하게 펼쳐진 화산암 평야. 벌써부터 강을 건너길 잘했다는 생각이 들기 시작했는데, 이건 시작에 불과했다

1 내륙으로 들어갈수록 들판의 화산암은 점점 자라나고, 산은 점차 거칠어지더니 급기야 눈봉우리까지 등장. 어느새 바깥 공기도 꽤나 차가워져 있다. 얼마나 올라온 걸까

2 란드만날라우가르 지역에 진입했음을 알리는 길가의 수제 표지판. 지구상에서 가장 기이하고 신기한 풍경을 가진 하이킹 루트의 시작점인 이곳은 전 세계 하이커들의 최고 인기 방문지 중 하나다

1 험준하고 울퉁불퉁한 화산암 사이로 꼬불꼬불 난 자동차도로의 가장 끝 지점. 드디어
   캠핑 사이트가 그 모습을 빼꼼 드러낸다

2 풀 한 포기 보이지 않던 황량한 화산 지형의 가장 깊숙한 지점에 이렇게 평온한 초원
   녹지가 등장하다니, 어쩌면 이리도 드라마틱할 수 있단 말인가! 아직은 쌀쌀한 6월 말
   의 초여름 날씨 속에서 캠핑장은 아직 한산한 분위기다

1 하이킹 진입로를 장식하고 있는 거대한 눈
덩이. 아래의 온천수에서 모락모락 올라오
는 연기와 겹치며 묘한 느낌마저 드는데,
가족과 함께 캠핑장을 찾은 아이들에겐 그
저 거대한 자연 놀이터다

2 산등성이를 따라 나 있는 오르막 하이킹
경로. 살짝 타고 올라가보니 이내 캠핑장이
한눈에 내려다보이고, 단단히 차려입고 대
장정을 떠나는 하이커들의 모습도 보인다

1 또 다른 한편에는 관광객들이 조그만 분화구를 오르내리며 짧은 하이킹을 즐기고 있는 풍경. 기이한 우주적 풍광의 화산 지형은 아이, 어른 할 것 없이 타고 올라가 보고 싶은 충동을 일으킨다

2 뒤돌아보니 난생 처음 보는 풍광의 미지의 세상이 눈앞에 펼쳐진다. 'Thórsmörk'까지 이어지는 55킬로미터 궁극의 하이킹 루트 시작점의 장관. 중간에 자동차도로가 없어 걸어서만 3~4일 걸리는 코스인지라 오늘 우리에게는 무리다. 언젠가 꼭 다시 와서 도전해 보리라 다짐하며 눈도장만 꾹

"광장이 어디쯤일까?"

- 글쎄, 일단 어디 주차를 하고 나서 지나가는 사람들에게 물어보면 될 듯한데.

200여 킬로미터를 화장실 한 번 가지 않고 그대로 질주해 경기 시작 시간 30분 전에 겨우 맞춰 레이캬비크 시내에 도착. 거리응원 장소를 정확하게 몰라 주차를 어디에 해야 할지 걱정이었는데, 막상 도심으로 들어서니 기우였다. 온통 파란 옷을 입은 사람들이 아이슬란드 국기를 흔들며 죄다 모두 한 방향으로 몰려가고 있는 풍경. 서행으로 그들을 따라가다 눈에 띈 공영 주차장에 재빨리 차를 세운 후, 다시 무리 뒤를 따라 걸으니 대로변 중앙에 대형 TV와 무대가 설치되어 있고 그 앞쪽으로 넓게 펼쳐진 잔디밭 언덕 광장에 어마어마한 인파가 몰려 있는 게 보인다. 와, 정말 도시 인구 절반이 여기 다 모인 듯. 엊그제 결혼식장에서 들은 농담이 농담이 아니었구나.

이대로 곧장 무리 속으로 뛰어들기엔 너무 관광객 복장이라 괜스레 미안해졌다. 뭔가 위장을 할 수 있는 방법이 없을까 하며 주위를 두리번거리니 각종 응원도구를 팔고 있는 한 가판대가 눈에 띈다. 아이슬란드 국가 대표 유니폼이 있나 물어봤더니 역시나 여기도 품절. 아쉬운 대로 아이슬란드 국기와 글자가 그려진 모자를 대신 사서 서둘러 머리에 쓴 채 수만 관중들 사이로 슬그머니 잠입했다.

1 응원 장소로 세팅된 곳은 레이캬비크의 바닷가 랜드
  마크 중 하나인 하파(Harpa) 홀 맞은편에 위치한 아나
  홀(Arnarhóll) 공원. 사람들이 일제히 도로 한가운데에
  설치된 대형 TV 앞 언덕 광장 위쪽으로 올라가고 있다

2 공원 전체가 그야말로 인산인해로 발 디딜 틈 없다. 이
  렇게 많은 시민들이 한 자리에 모인 걸 보는 건 우리
  도 그때 그랬듯, 아마 이들도 처음이 아닐까

3 놀라운 건, 이렇게 많은 인파가 몰린 대목 '장터' 주변
  에 보이는 가판대라고는 딱 이것 하나밖에 없더라는
  점. 국가에서 엄격하게 통제해 하나만 허락했거나, 아
  니면 이곳 사람들이 이런 이벤트 특수를 활용하는 데
  별 관심이 없거나 하는 거일 텐데, 이들의 성향을 볼
  때 후자일 가능성이 매우 높다

4 수만 인파가 몰렸는데, 이를 통제하러 나온 경찰차도
  딱 한 대뿐이다. 범죄율 세계 최저 수준의 아이슬란
  드의 위용

경기 시작을 알리는 휘슬이 울리자 왠지 팬스레 마음이 설레는 게 뭔가 데자뷔 같은 느낌이 들었다. 그래, 2002년 한일 월드컵 당시 16강 이탈리아전이 딱 이랬었구나. 생각해보니 정말 비슷하다. 한국 축구 역사상 처음으로 월드컵 16강에 올랐는데 하필이면 만난 상대 팀이 세계 최강 이탈리아. 전반 시작한 지 얼마 안 되어 한 골을 먼저 먹으며 패색이 짙었는데 마지막에 말도 안 되는 동점골과 역전골이 연이어 터지는 기적이 일어나 온 국민이 난리가 났던 기억. 지금 이들도 딱 처음으로 본선에 진출한 유럽축구 국가 대항전에서 천신만고 끝에 16강에 올랐건만 하필이면 그 상대로 유럽 최강 잉글랜드를 떡하니 만나고 만 거다. 바로 그때 우리처럼. 왠지 감정이 격하게 이입되며 점점 진심으로 아이슬란드를 응원하기 시작했다.

그런데, 맙소사. 정말 말도 안 되는 일이 일어났다. 다시 그날처럼, 먼저 선제골을 먹은 아이슬란드가 잠시 후 동점 골을 넣더니, 끝내 역전골까지 넣어버린 것. 광장은 그야말로 흥분의 도가니로 변하고 믿을 수가 없다는 듯한 표정의 아이슬란드 국민들은 목청이 찢어져라 한 목소리로 응원했다.

"아~프람 이~슬란(Afram island)! 아~프람 이~슬란!"

서서히 템포가 빨라지는 특유의 바이킹 응원 박수(이것마저 비슷하다니!)와 함께 외쳐대는 이들의 응원 구호. 눈치껏 대충 따라하다 뜻이라도 알고 동참해야겠다 싶어 옆에 서 있던 친구한테 물어보니 영어로 'Go Iceland' 라는 의미란다. 뭐? 잠깐, 이거 우리가 아이슬란드에 처음 도착했을 때 어리버리 착각해서 엉뚱한 사무실로 찾아갔던 바로 그 렌터카 회사 이름 아냐? 이럴 수가. 구호의 뜻이 뭔가 운명처럼 뇌리에 각인되며 이제는 정말 아이슬란드 국민인마냥 그들과 함께 목청을 높여 응원하기 시작했다. 제발, 제발 이대로 경기가 끝나길!

1 언덕 위 가장 명당은 청소년들 차지. 동상을 타고 오르는 모습이 어째 위험해 보이기도 하지만 경기 내내 제재하는 사람 하나 없다. 하긴 도처에 자연의 위험이 도사리고 있는 나라에서 이 정도 가지고 뭘

2 TV 화면 너머 공사장 크랭크에 커다란 아이슬란드 국기가 걸려 있다. 노동자 중심 사회인 북유럽 국가의 단면을 상징하는 듯한 풍경

3 이제는 꽤나 유명해진 '바이킹 천둥 박수'를 여기서 처음 직접 목격했는데, 군중 속에서 동참하며 느껴지는 전율은 밖에서 보이는 것보다 당연히 훨씬 크다. 뭔가 온 우주의 기운이 점차 몰려드는 느낌이랄까. 그리고, 그 기운은 이날 결국 기적을 만들어 냈다

마침내 종료 휘슬! 30만 아이슬란드가 5000만 축구종가 잉글랜드를 격침시켰다. 일제히 환호를 지르며 서로 포옹하는 국민들의 모습에, 우리 눈시울도 덩달아 뜨거워졌다. 그래, 너희들 마음 잘 안다. 우리도 그랬거든. 아, 얼마나 좋을까. 진심으로 축하한다고 말해주고 싶지만, 대상이 없는 여행자 신세. 그런 마음을 담아 이들의 격한 기쁨의 순간을 포착하기 위해 마치 특파원이라도 된마냥, 그저 연신 카메라 셔터만 눌러댔다.

자리를 떠날 줄 모르는 잔디 광장의 관중들을 뒤로 한 채 도심 거리로 들어가보니 당연히 여기도 난리가 났다. 골목골목 온통 아이슬란드 국기의 물결. 온갖 악기를 들고 나와 두드리고 노래하는 사람들로 도심 전체가 이미 축제 분위기다. 분위기에 취해 거리를 한참 돌아다니며 걷다 보니 진짜로 취하고 싶은 생각이 들어 한 술집에 들어갔다. 맥주와 칵테일을 주문했는데 이미 만취 상태가 된 바텐더가 자기 손가락을 술잔에 집어넣은 채로 데킬라의 적당 비율을 훨씬 넘겨 제조한 마가리타를 내어준다. 손님들은 온통 환호를 지르며, 음악에 맞춰 고개를 끄덕여대니 이건 취하지 않고서는 도저히 적응할 수 없는 광란의 파티 분위기. 그래, 안다. 안다구. 오늘은 이래도 되는 날이지. 모든 규율과 관습이 무너지는 날. 8차선 도로 위를 평화롭게 행진하고, 경찰과 국민이 하나가 되어 하이파이브하며 행진하던 그날. 평생에 한 번 올까 말까한 그날을 이 먼 지구 반대편 섬나라에서 또 한 번 맞게 될 줄이야.

자정을 넘겨 술집을 나섰는데 밖은 여전히 대낮처럼 환하다. 혹시나 해서 아까 난리가 났던 그 골목으로 다시 가보니, 경기가 끝난 지 세 시간도 훨씬 넘었는데 역시나 아까 그 모습 그대로다. 하긴 그때 우리도 엄청난 자긍심과 솟구치는 아드레날린으로 인해 밤새 놀면서도 전혀 피곤한 줄 몰랐지. 게다가 여긴 북유럽의 여름, 해마저 지지 않으니.

찬 공기 속에서 거리를 다시 걸으니 취기가 슬슬 가시며 갑자기 몰려오는 피곤함과 함께, 여기 이 순간이 우리 잔치가 아님이 점차 인식되기 시작했다. 나그네는 이만 물러나야 할 때. 주차장으로 돌아가 차를 몰고 레이캬비크 캠핑장으로 향했다.

"뭔가, 이 나라 우리나라랑 비슷한 점이 많은 것 같지 않아?"
- 뭐가? 일단 인구수는 엄청나게 차이 나는데?
"응, 그것만 빼고 나머지는 거의 다. 영토 크기도 비슷하고, 역사적으로 국가적 재난을 많이 겪은 점. 그리고 오늘의 광장응원 분위기까지"
-음, 그러네. 사실 그때 월드컵 이후로 광장문화라는 것이 생겨나기 시작하며 사회가 조금씩 바뀌어나가기 시작한 계기가 되었지. IMF 위기를 이겨낸 지 얼마 안 된 시점과 맞물리며 국민으로서의 자긍심도 함께 레벨 업 됐고.

그러고 보니 많이 비슷하다. 이 나라도 2008년 세계금융위기의 직격탄을 맞아 국가 전체가 거의 파산 위기까지 갔었고 다시 그로부터 2년 후 유럽항공대란을 초래한 화산 대폭발까지 겪으며 온 나라가 패닉 상태가 되었다. 하지만, 오히려 그 큰 재난이 아이슬란드란 나라를 온 세상에 알리는 계기가 되었고 이후 많은 영화감독과 여행객이 이 나라로 몰려들기 시작, 어업 중심의 국가경제 체질이 바뀌며 지금은 세계 최고의 관광국으로서 부국 대열로 점차 접어들고 있다. 위기가 기회라는 말이 이보다 더 어울리는 역사를 가진 나라가 또 있을까. 그리고 바로 오늘 광장에서의 승리 경험까지.

그래, 어쩌면 오늘이 이 나라 역사에 있어 또 한 번의 변곡점이 되는 중요한 날이겠
구나. 착한 나라, 아이슬란드. 다시 한 번 축하한다. 우리 계속 응원하며 지켜보마.

#아프람! 이슬란!

열다섯째 날 쓴 돈 (원 환산 × 11)	
주유	6,909 ISK (76,000원)
음료, 햄버거, 레이캬비크 핫도그	3,718 ISK (40,900원)
아이슬란드 응원모자 2개	4,998 ISK (54,980원)
레이캬비크 공영 주차장 사용비	450 ISK (4,950원)
바(Bar Ananas)	2,600 ISK (28,600원)
레이캬비크 캠핑장	4,200 ISK (46,200원)

1 축구 응원 후 들린 바 'Bar Ananas'의 전경. '파인애플 바'라는 열대 트로피컬 콘셉트가 이색적인 곳으로 레이캬비크 다운타운에 위치해 있다

2 문제(?)의 만취 바텐더가 제조해준 마가리타. 일찍이 마셔본 적 없는, 데킬라 비율이 절반이 넘는 생애 최고로 독한 마가리타였다. 이렇게 데킬라를 많이 넣어줘도 되냐고 물어보니, 이 친구 눈이 풀린 채 손을 휘저으며 'Whatever….'라고 했다

3 캠핑장으로 돌아가기 직전, 바로 그 유명한 핫도그 가판대에 들렀는데 날이 날인 만큼 자정을 넘긴 시간에도 줄이 길었다. 2004년에 클린턴이 왔다 간 일로 화제가 되며 유명세를 타기 시작한 이곳은 달랑 소세지와 빵, 각종 소스가 전부인 빈약한 (?) 레시피에도 불구하고 레이캬비크를 찾은 관광객이 꼭 들르는 통에 항상 장사진을 이룬다. 레이캬비크에서 먹을 수 있는 가장 저렴한 한 끼(핫도그 하나에 약 5000원)라는 점도 여행자에게는 매력적

뚝딱 강 여사의 "오늘의 캠핑요리"

대구감자 스프

재료
말린 대구, 감자, 양파, 대파, 마늘, 홍고추 또는 고춧가루, 멸치다시다, 소금, 후추

조리법
1. 말린 대구는 물에 불려둔다 (밥 등 다른 요리를 하고, 감자 등 다른 밑재료를 손질하는 동안의 시간만큼만
   불려도 충분하다)
2. 감자와 양파를 씻어서 썬다. 시간 절약을 위해서 감자는 가급적 얇게 썰어 익힌다
3. 마늘을 다지고, 대파는 어슷썰기 한다 (홍고추도 어슷썰기, 없으면 생략해도 된다)
4. 달구어진 냄비에 참기름을 조금 두르고 불린 대구와 마늘을 넣고 볶아주면서 소금과 후추로 간을 한다
5. 대구에서 뽀얀 국물이 빠져나오기 시작하면 양파와 감자를 넣고 같이 1~2분 정도 볶는다 (그냥 물을 넣고 끓이는 것보다
   재료를 볶다가 물을 넣으면 풍미가 더욱 살아난다)
6. 물을 넣고 감자가 부스러지기 시작할 때까지 끓인다. 물은 재료가 겨우 잠길 정도만 넣고, 끓이면서 추가한다
7. 한참을 끓인 후 간을 보고 소금과 후추로 간을 맞춘다 (맛이 안 나면 조미료의 도움을 살짝 받자)

우리 조국의 신이시여! 우리 조국의 신이시여!
거룩하고 거룩한 당신의 이름을 찬양합니다!
하늘의 태양계들로 짜인 당신의 왕관은
신의 천군, 시대가 만든 것입니다

당신께는 하루가 천 년 같나니,
천 년은 그저 하루에 지나지 않습니다
영원의 꽃은 떨리는 눈물을 머금고,
신을 찬양하며 죽어가나이다

아이슬란드의 일천 년이여!
아이슬란드의 일천 년이여!
영원의 꽃은 떨리는 눈물을 머금고,
신을 찬양하며 죽어가나이다

– 아이슬란드 국가 〈찬가〉 중

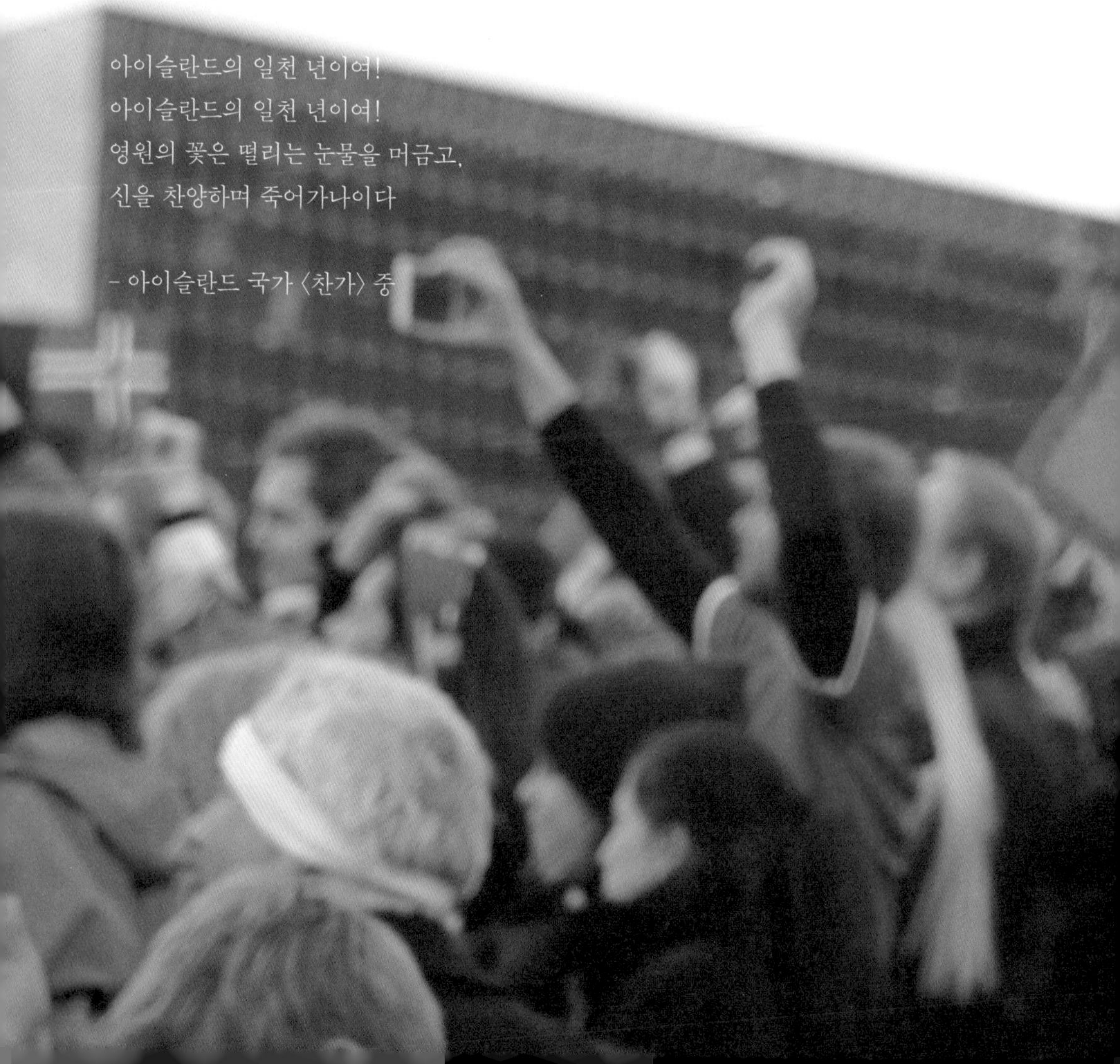

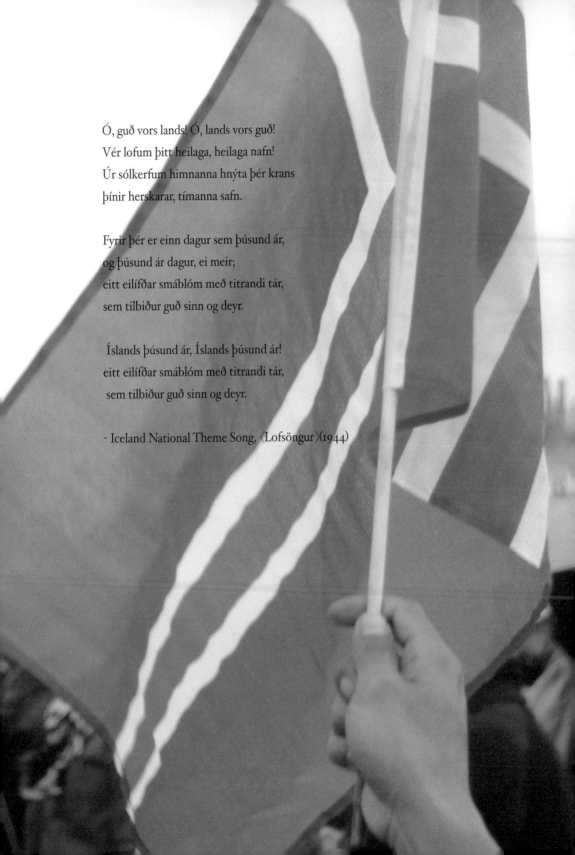

Ó, guð vors lands! Ó, lands vors guð!
Vér lofum þitt heilaga, heilaga nafn!
Úr sólkerfum himnanna hnýta þér krans
þínir herskarar, tímanna safn.

Fyrir þér er einn dagur sem þúsund ár,
og þúsund ár dagur, ei meir;
eitt eilífðar smáblóm með titrandi tár,
sem tilbiður guð sinn og deyr.

Íslands þúsund ár, Íslands þúsund ár!
eitt eilífðar smáblóm með titrandi tár,
sem tilbiður guð sinn og deyr.

- Iceland National Theme Song, 〈Lofsöngur〉(1944)

Day 16

판타지와 삶의 경계

마지막 날, '레이캬비크'에서

여행기는 판타지이지만

여행은 현실

2주간 열심히 달려낸 덕에 하루의 휴식일이 주어졌다. 아이슬란드의 동서남북을 원없이 구석구석 누비며 수많은 눈산을 넘고 끝없이 이어지는 황무지 자갈길을 가로지르는 동안, 기름이 떨어지거나 타이어 펑크 한 번 없이 무사히 일주를 마친 게 마냥 감사할 따름. 또다시 내일이면 새벽같이 일어나 바다 건너 새로운 땅 덴마크로 긴긴 여정을 떠나야 하니, 오늘 하루는 그간의 여행 흔적들을 정리하는 데 오롯이 보내기로 결정. 레이캬비크 캠핑장에서 눈을 뜨자마자 각자의 미션에 돌입했다.

두 시간째 캠핑장 로비에 앉아 여행기 작성 및 사진 정리, 블로그 업로드에 집중하고 있는 남편. 옆에 앉아 캠핑장 세탁기에 돌린 옷가지와 여행 경비 영수증, 그리고 관광지 여기저기에서 주섬주섬 챙겼던 팸플릿 등의 정리를 마친 아내가 남편을 한동안 물끄러미 쳐다보더니 말을 건다.

-여행기를 어떻게 그렇게 계속 써? 힘들지 않아?
"음, 나름 노하우가 있어. 그냥, 너무 스토리 만들려 애쓰지 않구, 재미있었던 기억들만 단편적으로 툭툭 던지는 거지. 어차피 사람들은 시시콜콜한 디테일은 지루해하거든. 별 관심도 없고."
-그래도 될까, 대부분 다른 여행기들 보면 완전 흥분, 감동의 연속이던데.
"흠… 그게 좀 웃기지. 원래 여행이라는 게 사실은 대부분 지루한데 말야. 매번 흥분될 수 없어. 삶이 그렇듯이."
-그럼 여행기라는 게 대부분 어떻게 보면 과장된 허구겠네.

"당연하지. 영화나 드라마 같은 거 아닐까. 스토리상 필요 없는 부분은 다 들어내고, 재미있는 부분만 편집해서 보여주잖아. 스포츠 중계도 매한가지. 실제로 경기장에 가서 보면 집에서 TV로 볼 때보다 훨씬 더 지루하지. 클로즈업, 다시 보기도 없고 슬로모션도 없으니. 뭐 어쨌거나, 항상 직접 겪는 현실은 판타지보다 훨씬 더 지겨운 게 사실이야. 여행기는 판타지이지만 여행 자체는 현실이니깐."

-하지만, 직접 겪어보는 게 더욱더 아기자기한 것이 그쪽을 더 좋아하는 사람도 있지 않을까? 그런 소소한 것에 더 재미를 느껴야 여행 자체가 진정 즐겁고 행복할 텐데. 뭐, 인생살이도 그렇듯이 말이지.

"그렇지, 판타지는 중독성이 있어서 그 속으로 너무 깊이 빠져들면 따분한 현실로 돌아오기 힘든 부작용이 크니깐. 적당한 자극의 스토리 속에서 현실감 있는 담백함을 추구하는 쪽이 사람들에게 보다 더 도움이 되는 방향이라고 믿어. 자극이 약해 사람들을 덜 끌진 몰라도 그게 진짜 삶에 더 근접한 이야기니깐. 보다 건강하다고나 할까.

-그렇군, 듣고 보니 음식도 그런 것 같은데. 화학조미료를 많이 쓴 자극적인 음식이 입에는 끌리지만 몸에는 별로 안 좋으니.

이야기가 점차 심오해지며 갈 길을 잃어가는 통에 때마침 블로그 포스팅 업로드 완료 팝업창이 뜬다. 뭔가 여행이 일단락된 듯해, 뿌듯해진 마음으로 노트북을 덮고 함께 수영장으로 향했다. 그간 여독으로 찌뿌둥해진 몸과, 한꺼번에 너무나도 많은 새로운 것을 보고 듣느라 복잡해진 머릿속을 동시에 정리할 겸. 가벼워진 몸과 마음으로 저녁에는 레이캬비크 도심을 다시 방문해, 어디 멋진 라이브 공연이 있는 곳을 찾아 위스키 한 잔과 함께 이 섬의 마지막 밤을 근사하게 보내주리라.

시시각각으로 변하는 변화무쌍한 날씨의 레이캬비크 도시 명칭은 '증기
가 있는 항구'라는 뜻. 아이슬란드 전체 인구의 약 3분의 1이 넘는 13만
정도의 인구가 이 수도 주변에 몰려 살고 있다. 이정표인 할그림스 키르
캬를 중심으로 카페, 상점들이 걸어 다닐 수 있는 거리 내에 밀집되어
있기에 하루 이틀 정도 뚜벅이로 둘러보기 딱 좋은 도시

1 어제 도시 인구의 절반이 모여 응원한 아나홀 공원의 하루 뒤 모습. 언제 그런 일이 있었냐는 듯 종이 조각 하나 발견하기 힘들 정도로 깨끗하게 원상 복구되어 있다

2 할그림스 키르캬 성당이 도시 중심부의 이정표라면 부둣가 쪽에는 하파(Harpa) 홀이라는 또 하나의 랜드마크가 우뚝 서 있다. 2007년 준공 당시에는 대규모 단지로 설계된 월드 트레이드 컴플렉스 시설의 일부인 콘퍼런스 홀이었지만, 2008년 금융위기를 맞아 공사가 전면 중단, 수년 후에 펀드 모집을 통해 콘서트 홀로 전환하여 유일하게 실제 완공된 건물로 남았다. 아이슬란드의 주상절리 지형의 모습을 딴 투명 유리 외관이 인상적인 이 콘서트 홀에서는 클래식, 민속 음악에 이르기까지 다양한 아이슬란드 뮤지션의 공연과 전시 등이 항시 열린다

3 레이캬비크 북쪽 외곽 해변도로에 위치한 〈태양 탐사선 (Sun Voyager, by Jon Gunnar Arnason)〉이라는 조형물. 아이슬란드의 근본은 어업 국가인데, 도심 곳곳에서 이러한 국민적 자부심이 느껴지는 구조물들을 많이 만나볼 수 있다. 2008년 미국발 금융위기의 직격탄을 맞으며 겪었던 국가적 모라토리엄 과정에서 이 나라 국민들은 '근본으로 돌아가자'는 구호를 외쳤고 이후 관광업이 가세하며 국가경제 기반은 훨씬 더 탄탄하게 체질 변신 중

4 2000년대 초반 전 세계적으로 불어닥친 금융파생상품투자 광풍의 열기. 높은 수익률이라는 장밋빛 슬로건에 현혹된 순박한 아이슬란드 국민들은 피땀 흘려 모은 재산을 털어가며 이에 동참했다. 은행으로 몰린 돈을 고스란히 고수익 고위험군의 부동산 모기지 파생상품에 투자했던 아이슬란드의 대표 은행들은 세계금융공황의 도미노 속에서 집단 부도 상황에 직면했는데, 이때 아이슬란드의 정치인들은 국민 투표를 통해 기막힌 의사 결정을 한다. 부도가 난 은행들을 구제하는 대신 빚더미에 앉은 개인들을 구제하는 데 국가재정의 총력을 기울인 것. 국가 부도의 책임을 국민에게 지우지 않고 은행에게 물은 것이다. 아이슬란드의 3대 은행은 모두 파산했고 회사의 대표들은 실형을 선고받았으며, 국민들은 '분에 넘치는 과욕'이 얼마나 큰 화를 초래하는지 깨닫게 되었다

1 최근 들어 자국민만으로는 대응하기 어려울 정도로 많은 투어리스트들이 몰려들며 관광 산업이 급성장하고 있지만, 지난 역사의 교훈을 통해 이들은 국가의 근간이 어업임을 곳곳에 새겨두고 잊지 않고 있다. 레이캬비크 부둣가에 한쪽에 서 있는 〈바다를 바라보며(To the Sea, by Ingi P.Gislason)〉라는 어부 동상 아래에는 다음과 같은 글귀가 써 있다

"그들은 나라에 부를 가져다줬고, 아이들을 먹였으며, 국가 미래의 굳건한 기반을 마련했다"

2 물고기 요리에 관심이 많은 여행자라면 다양한 물고기 종류의 맛을 보고 싶을 듯한데, 식당 요리가 감당이 안 된다면 그나마 저렴한 원재료를 사서 캠핑요리를 해 먹는 것도 좋은 방법이다. 우리나라에 웬만한 동네 시장에 정육점 하나씩은 있듯이 이 정도 구색을 갖춘 해산물 마켓은 조그만 마을에서도 쉽게 발견된다

3 어업 국가의 거리답게 레스토랑은 온통 'Fish & Chips' 투성이. 거의 대부분의 블록에 하나씩 보일 정도로 한국에서의 치킨집 빈도를 능가한다. 심지어 일반 레스토랑의 메뉴판도 가만 살펴보면 절반 이상이 물고기 요리일 정도

레이캬비크는 그라피티의 천국이다. 도심 건물 대부분의 빈 벽에는 마치 도화지인마냥 온통 그라피티가 그려져 있다. 아티스트의 시그니처가 담겨 있어 정식 허가를 받고 그린 듯한 예술 작품으로부터 거의 낙서에 가까운 수준의 그라피티까지 종류도 다양한데, 불법으로 그리는 그라피티에 대한 경찰의 단속 같은 게 있을까 하는 질문에 현지 친구 요니나의 대답은 "이런 것까지 단속할 정도로 경찰 수 자체가 많지 않을걸"이었다

1 레이캬비크 도심에 위치한 'Tjornin' 호숫가에 서 있는 이 기괴하고도 우스꽝스러운 석상은 〈무명 관료(Unknown Bureaucrat, by Magnus Tomasson)〉라는 작품. 영혼 없이 기계적으로 일을 하는 얼굴 없는 관료를 풍자한 내용이라는데, 이런 제목을 가진 예술 작품의 공공장소 설치를 허가한 담당 '관료'의 성숙한 유머 감각에 박수를 보내지 않을 수 없다

2 그라피티로 장식된 자유분방한 분위기 속에서 도시 곳곳에서 살짝살짝 드러나는 의식 있는 메시지들도 돋보인다. 구체적인 수치와 적나라한 오브제로 플라스틱 사용을 자제하자는 메시지를 담은 설치물부터, 모유 수유를 장려하는 직설적인 문구의 간판, 주인을 잃어버린 장갑한 짝들이 꽂혀 있는 창살(아마 장난기 어린 누군가가 제일 처음 시작했으리라)까지. 투박하면서도 까칠한 유머가 넘쳐난다

레이캬비크에서 마지막 밤을 근사
하게 보내기 좋은 바가 어디냐 물으
면 이구동성으로 대답하는 곳이 있
다. 바로 부둣가 주변에 위치한 '켁스
(KEX)' 바. 옛 쿠키 공장을 개조해 만
든 호텔 라운지인지라 외관도 소박한
데다 간판이라곤 대문에 덜렁 붙은
알파벳 'K, E, X'가 전부이니 지도에
서 위치를 확인하고도 곧장 찾아내기
쉽지 않을 정도. 하지만 육중한 목조
문을 밀고 들어가면 허름한 외부와는
전혀 다른 '힙'한 세상이 펼쳐진다.

여행 동행자를 구하는 핸드라이팅 쪽지와 공연 포스터들이 벽면에 붙어 있는
계단을 한층 오르면 1920년대 라스베이거스 콘셉트의 오브제가 가득한 로비가
나온다. 미싱을 개조해 만든 테이블 여기저기 옛 이발 도구들이 무심하게 놓여
있고 높은 천장 구석엔 시간이 맞지 않는 세계 시계(분침이 제각각이다)와 찬장
가득히 꽂힌 고서들이 옛 풍취를 더한다. 로비 안쪽으로 널찍이 진을 친 바 주
변에는 아이슬란드 캠핑족들로 가득한데, 맞은편 한구석 키 큰 책장 앞에 오래
된 피아노 한 대와 스피커 두 개가 무대 경계를 서고 있다. 잠시 후 시작되는 로
컬재즈밴드의 연주는 공간의 시간을 옛날로 되돌리고, 경이로운 섬나라 풍광에
홀린 여행자들의 추억에 음악을 덧칠한다. 공연 입장료는 따로 없는데, 역시나
비싼 음식 값에 포함되어 있는 듯.

열여섯째 날 쓴 돈
(원 환산 × 11)

수영장	1,800 ISK
	(19,800원)
바비큐 장보기	2,316 ISK
	(25,480원)
시내 주차비	300 ISK
	(3,300원)
카페	1,000 ISK
	(11,000원)
켁스 바	5,050 ISK
	(55,550원)
레이캬비크 캠핑장	4,200 ISK
	(46,200원)

1 도심 곳곳에 공용 주차 구간이 있다. 대부분 유료 주차 구간인데, 시간 대를 잘 보고 이를 활용하면 주차비를 꽤 아낄 수 있다

2 1급지에서 4급지까지 있는데 도심에서 가까울수록 숫자가 낮고 주차 비는 비싸다. 적혀 있는 요일별 시간대 외에는 무료 주차

3 켁스 바에서의 만찬(?). 소시지 요리와 맥주 한 잔, 슈납스 한 잔을 시 켰는데 5만 원이 훌쩍 넘는다! 곁들인 요리로 '김치 슬로'라고 적혀 있 는 메뉴가 있길래 호기심에 시켜봤는데, 스리라챠 소스에 버무린 양배 추 몇 조각이 나오는 걸 보고 경악을 금치 못하는 아내

뚝딱 강 여사의 "오늘의 캠핑요리"
양념 숯불 돼지구이와 감자파밥

> **막간 캠핑 Tip!**
> 허브 가루를 작은 통으로 하나 사두면 모든 고기 구이나 볶음, 파스타 등 캠핑요리에 매우 유용하게 사용할 수 있다

재료
감자, 파, 쌀, 돼지 목살과 삼겹살

조리법
1. 숯에 불을 지피기 시작한다. 분업은 필수!
2. 돼지 목살과 삼겹살에 남은 쌈장과 남은 술(소주나 현지 슈납스나 아무거나 괜찮다), 다진 마늘, 후추, 허브 가루를 넣고 조물조물 버무려 양념을 하여 재워둔다
3. 양념이 고기에 배는 동안 밥을 한다. 씻은 쌀과 썰어둔 감자를 넣고, 소금간을 약간(4분의 1 티스푼 정도) 한 후, 일반적으로 하는 것과 같이 밥을 한다
4. 물이 끓어오르면 썰어둔 대파를 넣고, 물기가 자작해지면 뚜껑 덮고 뜸을 들인다
5. 밥이 뜸 드는 동안, 피워둔 숯불에 고기를 굽는다

너무나도 조용하지, 쉿~ 쉿~

너무나도 고요해, 쉿~ 쉿~

그리고 아주 평화롭지, 그러다가…

사랑에 빠지면, 뎅! 쾅!

하늘이 갑자기, 뎅! 쾅!

마구 무너져 내리지, 와우! 쿠쿵!!

– 비요크 〈너무나도 고요하지〉 중에서

It's oh so quiet, shh- shh-
It's oh so still, shh- shh-
And so peaceful until...

You fall in love, Zing! Boom!
The sky above, Zing! Boom!
is caving in Wow! Bam!

- Björk, 〈It's Oh So Quiet〉(1995)

1980년대 영국, 유럽 등지에서 널리 사랑받은 레이캬비크 출신의 여성 싱어송라이터, 비요크. 일렉트로닉 팝부터 아방가르드 스타일까지 다양한 장르에 걸친 실험적 음악과 개성 있는 패션 스타일을 선보이며 아이슬란드를 대표하는 솔로 뮤지션으로 자리매김했다. 이후 DJ, 배우로서도 활동하며 다양한 영역에서 족적을 남기고 있는 중

가장 멀리 떨어진 섬나라, 너무나도 기이하고 경외스러운 풍경 속에서 자기 자신을
마음껏 잊고 충분히 헤매기 좋은 영화 속 판타지 랜드. 여행자에게 아이슬란드는 그
런 곳이지만

이곳에 살고 있는 주민들은 그토록 아름다운 풍광을 빚어낸 불과 얼음, 용암을 뿜어
내는 화산과 살을 에는 겨울바람, 그리고 거친 파도가 주는 시련을 일상으로 받아들
이고, 이를 이겨내는 과정을 통해 더욱더 결속하고, 강해지고, 귀하게 지켜낸 삶을
겸허한 마음으로 감사하며 즐긴다.

그렇게 국민들 서로서로가 모두 가족이고 친구인 이 나라, 아이슬란드.

아이슬란드 여행

Summary

기간: 16일
운전 거리: 약 3500킬로미터
총 비용: 약 640만 원

- **총 교통비: 약 280만 원**
  사륜구동 렌터카 대여: 220만 원
  연료비: 약 60만 원

  하루 평균: 17만 5000원
  ((렌터카 대여+연료비)÷16일)

- **총 숙박비: 약 90만 원**
  호텔 숙박비: 약 46만 원(2박, 하루 평균 약 23만 원)
  에어비앤비, 캠핑 숙박비: 약 44만 원(14박, 하루 평균 약 3만 2000원)

  하루 평균: 약 5만 6000원
  ((호텔+에어비앤비+캠핑 숙박비)÷16일)

- **총 관광지 액티비티 참여비: 약 60만 원**
  (설산 오르기, 빙하 걷기, 요쿨살론 보트 등)

- **기타 식비와 잡비: 약 210만 원**

  하루 평균: 약 13만 원
  (총 기타 식비 및 잡비÷16일)

*비용은 모두 2인 기준
*각 요소별 하루 평균 비용 계산법= 총 비용÷16(일)

이어지는 이야기
덴마크, 스웨덴, 핀란드, 노르웨이
그리고 서울, 홍대 옥탑방 부엉이

"다양한 공연과 술, 음식이 함께 어우러지며
공존하는 모두가 자유롭고 행복한 공간을 만들어봐야겠다"

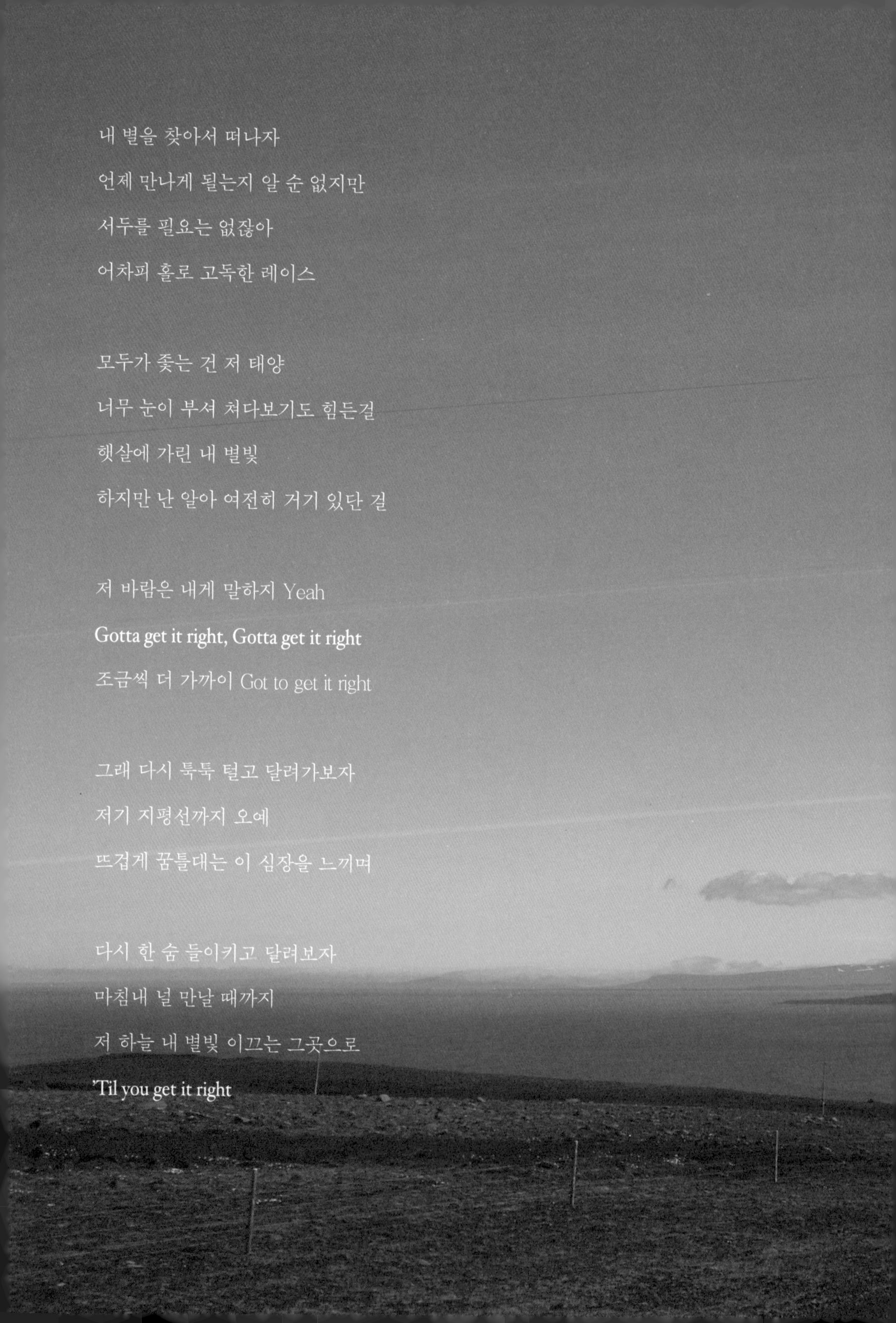

내 별을 찾아서 떠나자

언제 만나게 될는지 알 순 없지만

서두를 필요는 없잖아

어차피 홀로 고독한 레이스

모두가 좇는 건 저 태양

너무 눈이 부셔 쳐다보기도 힘든걸

햇살에 가린 내 별빛

하지만 난 알아 여전히 거기 있단 걸

저 바람은 내게 말하지 Yeah

Gotta get it right, Gotta get it right

조금씩 더 가까이 Got to get it right

그래 다시 툭툭 털고 달려가보자

저기 지평선까지 오예

뜨겁게 꿈틀대는 이 심장을 느끼며

다시 한 숨 들이키고 달려보자

마침내 널 만날 때까지

저 하늘 내 별빛 이끄는 그곳으로

Til you get it right

Run Run Run

'Til you feel so right

Run Run Run

'Til you feel so high

Run Run Run

'Til you feel so tight

Run Run Run and touch the sky

그래 다시 툭툭 털고 달려가보자

저기 지평선까지 오예

뜨겁게 꿈틀대는 이 심장을 느끼며

다시 한 숨 들이키고 달려보자

언젠가 널 만날 때까지

저 하늘 내 별빛 이끄는 대로

'Til you get it right

Run Run Run,Run Run Run

Run Run Run,Run Run Run

– JihoonOwl's Project, 〈Run Run Run〉(2014)

아이슬란드를 달리다

2018년 12월 17일 1판 1쇄 박음
2018년 12월 21일 1판 1쇄 펴냄

지은이 양지훈
펴낸이 김철종 박정욱
책임편집 최윤선   **디자인** 이정현   **마케팅** 김지훈
인쇄제작 정민문화사

펴낸곳 노란잠수함
출판등록 1983년 9월 30일 제1 - 128호
주소 110 - 310 서울시 종로구 삼일대로 453(경운동) KAFFE빌딩 2층
전화번호 02)701 - 6911   **팩스번호** 02)701 - 4449
전자우편 haneon@haneon.com   **홈페이지** www.haneon.com

ISBN 978-89-5596-859-0   03920

이 도서의 국립중앙도서관 출판예정도서목록(CIP)은
서지정보유통지원시스템 홈페이지(http://seoji.nl.go.kr)와
국가자료공동목록시스템(http://www.nl.go.kr/kolisnet)에서
이용하실 수 있습니다.(CIP제어번호: CIP2018041280)

Run Run Run

'Til you feel so right

Run Run Run

'Til you feel so high

Run Run Run

'Til you feel so tight

Run Run Run and

Touch the sky

– JihoonOwl